法政逸史

刘昕杰 著

转型时代的法律人

THE ANECDOTAL
HISTORY OF
MODERN CHINESE LAW

JURISTS IN TRANSITIONAL TIME

北京大学出版社
PEKING UNIVERSITY PRESS

自　序

同是转型时代的法律人

"历史上一切动力发生在人，人是历史的中心，历史的主脑。"（钱穆语）法律史也自应是法律人的历史。不过，当法律人进行历史回望时，往往更关注法律规则和制度的演进，容易忽略历史洪流中鲜活的法律人个体。

从法政的角度看近代中国，这是一代法律人移植西方法律文明，改革传统中华法制的时代。在思想大撞击、文化大断裂、社会大变革和制度大重建的背景下，法律人肩头的责任无疑是沉重的：对外要收回治外法权，维护国家法权统一，对内要重建法政秩序，构筑现代法律制度。在这个历史变革的时代，法律的原理、制度和规则的演进已然获得了相当的瞩目，毕竟这体现了中国法制整体的变化与走向。但在宏观的整体变革之下，将目光转向这一演进过程中的人物个体，尤其是法政人士，却能发现法律史更加复杂幽微的一面：董康晚年的转变让人意识到，法理派与礼教派未必真有那么泾渭分明；如新盐法一般带有明显的进步色彩，并经有识之士多次主张，却最终束之高阁的法律恐怕也并非寥寥；从《洗冤集录》到建立现代法医学，不是简单的断绝旧传统、拥抱新风尚的过程，其中有着中外仁人志士不懈的努力。通过还原这些人物，不仅可以裁剪出近代法律转型的微观面，还能穿透时光的遮盖，去体会转型时期法律人的思想与抉择。

转型时代的中国"实如驾一扁舟，初离海岸线，而放于中流，即俗语所谓两头不到岸之时也"（梁启超语）。在这随时都有倾覆危险的"扁舟"之上，"两头不到岸"的法律人所面临的境况也空前复杂：既有古与今、满与汉、中与外等社会领域普遍的矛盾，也有法与政、名与实、知与行等知识领域的冲突。审视这些法律人在纷繁乱象中的抉择与作为，我们能看到近代中国法律人身上所共有的几项基本特质：

第一是恪守人格底线。近代中国的许多法律人任职于政府，在面临法律与政治之间的抉择时，是坚守底线还是随波逐流，关系着法律人的生前身后名。在频繁的政治风波与斗争中，如王宠惠一类的学者型人才应如何自处，可以说是供职政府的法律人所面临的常见问题。轰动一时的社会事件、突如其来的重大变故则以更为直接的方式考验着法律人的人格与气节。"三一八"惨案后，卢信、余绍宋、戴修瓒等法律人为受害学生昭雪，为司法独立摇旗，不惜得罪段祺瑞政府，最终辞职而去，淡出司法圈。林长民出关附郭以至身死，对他这段经历体谅者有之，斥骂者有之，但他出关的真实原因似也成为永远的谜团。而如董康以"圣人"之名最后却委身日寇，成为了他无法洗涤的污点。拒绝随波逐流，选择坚守底线，必须抱有足够的决心，付出相当的代价。

第二是具备世界眼光。无论是求学于本土还是深造于海外，那个时代的法律人都秉持着"中西法制，凡有利于我，皆可为我所用"的豁达心态。他们放下天朝上国的文化优越感，引进合乎国情的西方法律制度，改造不合时宜的传统法律文化。罗文干不说英语不穿西装，喜好中式服装与中国美食，却也主张以理性客观的态度吸收西方法学的合理成分。西方各国法典也正是在这群眼光开阔、心态开放的法律人手中不断地被译介到中国，为古老的中华法制带来新的活力。这种引进和改造绝非一帆风顺，在本土化的过程中往往遭遇诸多新问题，司法改革屡受挫折固不待言，如实验监狱、实验法院等试点实验也往往不能推行尽利，但世界潮流滚滚向前，中国法制必须强忍磨合的阵痛跨过近代化的门槛。

第三是认同本国文化。虽然绝大多数法律人都有出国留学背景，但那个时代的法律人多擅文史，如编写第一部宪法史的吴宗慈修过《江西通志》，两次代理大理院院长的潘昌煦以诗书著称，许世英获得过"政事文章俱不朽"的评价。他们或多或少接受过旧学的教育，对传统抱有深厚的感情。中华民国最高法院院长焦易堂身兼国医馆的馆长，为中医事业奔走呐喊，是许许多多希望在新时代保存旧传统的例子中的一个。当然，"保存"一词多少显得被动了，民族传统中未尝没有与现代法制遥相呼应的因素，于是章太炎要为法家正名，陈启天主张新法家的新法学。从个人到群体，更有中华民国法学会创办《中华法学杂志》，提出"建立中国本位新法系"的命题。法律人对中华传统文化的认同，让重建中华法系成为那个时代法律人的集体梦想。

恪守人格底线、具备世界眼光、认同本国文化，这些特质，不仅是近代法律人的共同之处，也理应成为当下法律人的共识。很多年前开始，我在闲暇之余写一些近代法政学人的小随笔，不拘泥于刻板的学术规范，先后在《人民法院报》《检察日报》《法学家茶座》《法治周末》等报刊上发表。人物写得越多，前述三个特质就越发显著，故而萌生了续写成书的想法。书中的这些法律人虽然都从事法律事业，但却是历史进程中不同的鲜活个体，有着独特的经历、体验与感受。在写作时，我根据人物的特点采取了不同的写作方式。一些法律人较为著名，大家对其学术观点已有了解，我就侧重于摘取他们法律事业之外的故事，如陈顾远一文就重点展现了他学问以外的"戏剧人生观"，史尚宽就着重讲他做官的另一面；一些法律人未必为人所知，如作为留学德国法学第二人的周泽春在现有文献中提及不多，我就较为全面地叙述了他的人生经历，尽量将他们的人生经历与职业成就写得全面一些；还有一些人可以在同一个近代法律史的主题下连带叙述，如外国民法的译介群体，我就"打包"处理，不再作一一介绍。近年来各类文史数据库的丰富让找寻这些法律人的史料更加便利，文中人物描述的引用内容都有文本依据，但因为其中大多数不是原始考证，而是诸如回忆录、传记等二手文献，故而称之为"逸史"。写作中杨则、何久源、周芩宇、岳晋缘、张昊鹏等研究生帮助我校改了文稿的材料和文字，在此特别予以感谢。还要感谢北京大学吴景键博士，他以收藏近代法政文献闻名学界，此次慷慨授权我使用他的藏品作为配图，提升了本书的价值。文中人物素描图由刘卓铭依时人照片绘制。感谢北京大学出版社燕大元照的赵臣臣老师居中协调、田鹤老师用心编辑设计，感谢蒋浩老师对本书提出的宝贵意见，让本书得以顺利付梓。显而易见的是，近代中国值得研究的法律人物远不止本书涉及的这些，希望今后有机会将这个主题继续写作下去。

转型时代的法律人是幸运的，也是不幸的。幸运的是他们能够在中华文化新旧交融之际投身法律制度的新建，将自身所学付诸时代，不幸的是法律实施所需要的稳定环境却屡屡被打破，以至于那个时代的许多法律人终其一生都无法看到法治国家的真正实现。如今的法律人，再回首这段历史，如果从法律制度的发展而言，会感觉历史离我们很远，如果从人的个体感知而言，过往却未必离我们不近。写作本书，是希望我们在记住近代以来中国法律制度的巨大变革之外，也能够了解和同情那群同是转型时代的法律人。毕竟，在数千年未有之大变局的历史长河中，我们恐怕都还是处在同一时代的法律人。

目录 CONTENTS

法政之间

1. 当法律遭遇政治 王宠惠 | 002
2. 学者还是官僚 史尚宽 | 014
3. 法律不离社会 傅秉常 | 024
4. 无法实施的法律 陈肇英 | 034
5. 一生都作正确的选择 江庸 | 044
6. 因办案而转行 卢信 余绍宋 戴修瓒 | 054
7. 政坛不倒翁 许世英 | 066

法律人生

8. 众说纷纭的"她" 郑毓秀 | 078
9. 三月司寇 林长民 | 090
10. 率直出肺腑 罗文干 | 100
11. 秦人风骨 焦易堂 | 110

⑫ 戏剧人生观　陈顾远 | 120
⑬ 不为做官为慈善　王元增 | 128

西法东渐

⑭ 谁最先翻译了《德国民法典》　马德润等 | 140
⑮ 哪些人翻译过《瑞士民法典》　曾志时等 | 154
⑯ 《法国民法典》有多少个中译本　马建忠等 | 164
⑰ 苏俄民法如何译到中国　耿济之等 | 180
⑱ 近代法学编书第一人　郭　卫 | 194
⑲ 民国时期的法学四大刊　徐　谦　谢冠生等 | 204

中西之间

⑳ 指纹法的学派之争　夏全印　夏　勤等 | 218
㉑ 《洗冤集录》遭遇法医学　林　几等 | 228
㉒ 监狱改革的试点　杨达才等 | 240
㉓ 法院改革的试点　李祖庆等 | 250
㉔ 知新而温故　董　康 | 260
㉕ 务实的历史法学　章太炎 | 270
㉖ 新战国时代的新法家　陈启天 | 284
㉗ 不做他国学者的法律试验场　周泽春 | 296

法政之间

当法律遭遇政治 王宠惠

蜚声政坛的老博士

在近代中国的政治舞台上,法律人群体扮演着十分重要的角色。而在这些法律人之中,影响力最大的,当数被称为"民国第一位法学家"的王宠惠。

王宠惠,字亮畴,原籍广东东莞虎门王屋村,于香港出生。王宠惠成名很早,在他求学于北洋大学堂时,便以法科第一名的成绩获得近代中国第一份大学文凭,之后先后赴日、美、欧留学,最终取得耶鲁大学法学博士学位。在读博期间,他就将德国民法典翻译为英文,这一译本后来成为英美国家学习德国民法的通行版本。不到 30 岁，王宠惠就成为了国内外知名的法学家。沈家本很早就看中这个人才，在 1907 年向光绪帝上呈的奏折中，他列出了一个"法学精研或才识优裕者"名单，希望政府能够调请他们加盟法律馆，参加清末修律立宪的工作。在这个名单中，即有"留学英国学生王宠惠"之名①。

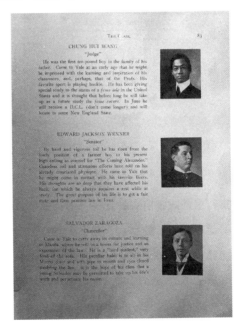

图 1-1　耶鲁大学毕业年刊中的王宠惠（吴景键博士提供）

---

① 《又奏调通晓法政人员折》，载《政治官报》1907 年第 42 期，第 8—9 页。

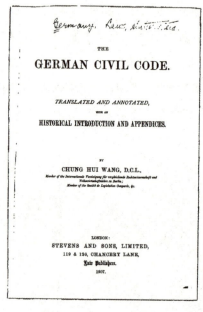

图 1-2 王宠惠英译《德国民法典》封面

虽然王宠惠是清政府官派赴美,但留学结束后,他并没有回到清廷就职。他的家庭与孙中山素有渊源,其父王煜初牧师与孙过从甚密,曾利用婚礼帮助孙中山逃脱清廷追捕。王宠惠从小受革命影响,加之在西方学习宪政和法律,思想较为进步,回国后很快加入了南方革命派的活动。1912 年,同盟会等五团体正式改组为国民党,王宠惠以其学术声望当选理事,得票第四,仅次于孙中山、黄兴和宋教仁。此后,王宠惠以其政治上的"老革命"和学术上的

"老博士"而蜚声民国政坛，虽有起起伏伏，但位居高位时间之长、得不同派系人物支持之广，民国政坛少有人可与之比肩。

图1-3 王宠惠留美护照

王宠惠在北京政府和国民政府曾任职至行政首长。1922年王宠惠担任北京政府国务总理，1937年担任国民政府代理行政院长，离代表国家元首的总统大位仅一步之遥，成为民国时期职位最高的法律人。虽长久位居高位，但王宠惠并没有政治野心，也没有培养出自己的实力派系，在政坛中是以学者型技术官僚的形象示人，以其资历成为各派系调停的最佳人选。但所谓树欲静而风不止，本想以法律学识报国的王宠惠也曾多次被卷入到波谲云诡的政治斗争中。

"好人政府"

在北京政府时期，王宠惠曾受命组建"好人政府"。"好人政府"，是胡适连同王宠惠等人针对民初时局纷乱提出来的口号，号召知识分子积极参政救国。1922年9月，王宠惠在吴佩孚的支持下担任国务总理，为实践"好人政治"提供了绝好机会。相比前几届内阁人选，王宠惠招揽了顾维钧、罗文干等清流入阁，社会对此给予了很高的期待。但胡适在日记中不无担忧地表示，王宠惠"太老实了，不知能干下去不能"①。胡适的担心很快就成为现实。彼时各地军阀割据，政府缺乏独立掌控的财政来源，中央政府只能仰仗军阀势力的支持。在施政中，王宠惠受制于军阀间的角力，带着一番抱负上台，却发现自己的时间和精力几乎都用来向军阀讨要经费以应付内阁各部门公务人员索薪。看到王宠惠施政无门，胡适提醒他"要有政策"，王宠惠无奈地表示，"我的政策只有吃饭、过节两项"。② 不仅如此，作为知识分

---

① 曹伯言整理：《胡适日记全集》（三），联经出版公司2004年版，第695页。
② 曹伯言整理：《胡适日记全集》（三），联经出版公司2004年版，第806页。

子的王宠惠并不适应在国会接受议员的质询。议长吴景濂常常给他难堪，而王宠惠则只得引经据典，"接二连三援引外国学者之说，以证明己说之正确"，并羞辱吴"吾读书当然比你较多"，让对方下不来台，吴景濂愤愤不平称他是"书本上之空谈"①，并记恨在心。两个月后，取得曹锟支持的吴景濂设计告发财政总长罗文干受贿，全国舆论哗然，吴佩孚为了保全自己不再支持王宠惠，导致"好人政府"两个月就瓦解。王宠惠心灰意冷，此时南方的孙中山向其招手，希望他到广东政府就职，但王宠惠不愿意陷入南北政争之中，于是利用自己国际法官的身份出洋至海牙国际法庭任职。

在海牙，王宠惠绝口不谈国事，"对于国内政治之活动兴味已尽"，工作之余，他消磨时间的方式就是到书店看书，或与朋友散步，他甚至打算久居欧洲。② 恰在此时，华盛顿会议召开，列强同意会后由各国派出人员来华考察司法状况，进而对各国政府废止在华领事裁判权提供建议。此时国内废除法权运动高涨，段祺瑞希望聘任"望隆学优之大家"来专门负责此事，在章士钊的建议下，政府电召王宠惠回国

---

① 《吴景濂与王宠惠破口》，载《申报》1922年11月20日，第4版。
② 《巴黎通信·王宠惠读书巴黎》，载《申报》1924年4月12日，第6版。

担任修订法律馆总裁,并任法权委员会的中国代表。本不愿意涉足政治的王宠惠再次燃起了作为法律人的热情,毅然回国,参与筹划和组织法权会议。在整个法权会议的过程中,王宠惠不可谓不尽心尽力,他在可能的范围内尽速公布并翻译法律,主持改良各地司法,参加多个民间团体会议,协调各团体的不同意见,并在每次会议上亲自回答各国代表的质询。可惜当时北京政府内部更迭频繁,对许多地方已失去控制,国民党控制的南方各省就事先声明对调查人员不予接待。国内政治尚未统一,自难对外收回法权。王宠惠的个人法学素养和热情被放置在这样一个特定的政治背景中,就显得微不足道了。

● 回避政争的"贤臣"

图1-4 胡汉民

国民政府成立后,王宠惠担任司法院院长,与作为立法院院长的胡汉民一直致力于民法典及其他重要法案的编纂与整理,两人在法制建设方面有许多共同理念,而且私交良好。1930年,胡蒋决裂,蒋介石软禁胡汉民,国民党内孙科等粤籍人士谋划赴南方另立中央，同为粤籍的王宠惠成为各派竞相争取的指标人物。王宠惠既无法认同蒋介石独裁的做法，但也知道以胡汉民等人的实力根本无法与蒋介石抗衡，考虑再三，只得又一次选择以国际法官的身份出国赴海牙国际法庭履职，保持中立，回避政争。张耀曾在日记中记载，王宠惠"每际政变，屡以此名义出国"①。这固然是王宠惠在民国政坛独有的应对之策，却也凸显了法律人在面对政治斗争时无法抉择的无奈。

王宠惠鲜有膨胀的政治野心，他只当贤臣，不做皇帝，因此赢得了不同派系主政者的支持和信任。从民国肇始到他去世，王宠惠几乎一直都官居高位。不计他的外交职务和教育职务，仅司法部门的任职就长达二十余年，可算是民国司法的象征人物。他是民国政府第一任内阁的司法总长，并在北京政府时期先后担任五任内阁的司法总长，国民政府成立后又是第一任司法部部长、实施五权宪法后的第一任司法院院长，以及行宪后的第一任司法院院长。王宠惠共计八次先后出任司法机关负责人，民国各时期"法规、规章、楷模范式，皆须草创牵建，擘划定制，凡此，悉为王氏启其端绪，奠其丕基"（郑彦棻语）。

---

① 张耀曾著、杨琥编：《宪政救国之梦：张耀曾先生文存》，法律出版社 2004 年版，第 271 页。

作为司法首长，民国时期进行的司法党化运动，无疑使得王宠惠遭到后世指责。但细察民国法制史，王宠惠对司法党化的态度相比起徐谦以及后来接任司法院院长的居正而言，实际上是一种赞成而并不积极的态度。王宠惠在国民党三届三中全会上提出司法改良方针，其中包含了司法党化的内容，他说"以党治国，无所不赅，法官职司审判，尤有密切之关系"，"为法官者，对于党义，苟无明澈之体验，坚固之信仰，恐不能有适当之裁判"。但在具体的司法改革措施中，王宠惠更注意推动体制上的司法独立，他要求"两年内全国各县遍设组织较为简单之县法院，使司法机关完全独立，自第三年起逐渐扩充设备，改组地方法院，限于训政时期六年以内，一律完成"，并要求保障司法经费，"当于预算内明确规定，无论何人，不得挪作别用"①。在政治场合说政治正确的话，似乎是近代以来学者型官僚的必然选择。然而现在我们已经很难去分辨出这些政治话语中，哪些是出于政治场合的需要，哪些是出自发言者的真实感受。

---

① 王宠惠：《今后司法改良之方针》，载《最高法院公报》1929年第3期，"金载"第1—8页。

图 1-5 王宠惠先生

"关键是我没有自己的想法"

国民党迁台后,力图维系原有法统,但时空环境与制宪时相去甚远。第一届国民大会代表任期在 1953 年届满后,无法举行覆盖全国的第二届国民大会选举,选举如果不能进行,则新一届的"总统""副总统"也就无法产生,国民党的法统延续面临重大宪法难题。王宠惠时任国民大会研究小组的召集人,负责就第二届国民大会选举所面临的问题进行分析和处理,他提出建议,按照当时"宪法"第二十八条的规定,"每届国民大会代表之任期至次届国民大会开会之日为止"。既然次届国民大会无法召开,那么第一届代表仍是合法代表,可以再次召集原有的代表开会,由此解决下一届"总统"和

"副总统"的选举难题。这一建议虽一直遭到当时学界以及后世的质疑,但却是在特殊历史背景下,通过法律方式解决政治问题的唯一办法。之后,他在大法官会议上做出"释字第三十一号解释案",将应当同国民大会一样本应由全国各省选举产生的立法院和监察院委员的任期延长,避免了两院无法进行选举的尴尬,从而缓解了国民党统治的宪政困境。

在王宠惠释宪后,由全国选举产生的国民大会代表在台湾得以不中断而继续连任,国民党的"法统"也得到维系。王宠惠这一建议虽然化解了号称"正统"的国民党政权偏居一隅所遇到的法律尴尬,却仍不免有违反宪法本意之嫌,而且造成了后来被称为"宪政怪兽"的"万年国会"。可见,在社会现实和法律精神之间,要解决好政治与法律冲突的难题,盖学问高如王宠惠者,也难做到两全其美。王宠惠在解决此宪政难题前撰文讲解宪法,他称"宪法之解释,不能纯从抽象观念上着想","国家状态、社会情形等,皆可视为解释宪法所应注意之因素"[1],大概便是对此事件的解释和辩白吧。

王宠惠晚年时,因其经历几乎就是一部完整的民国政治法律史,所以多次有人请他撰写回忆录,但均被王宠惠婉言

---

[1] 中国国民党党史委员会编:《王宠惠先生文集》,中国国民党党史委员会1981年版,第425页。

谢绝，其中甘苦恐不为人知。他的一位晚辈曾向他请教如何做到在政坛数十年常青不倒，原以为他会以自身的法律学识或是历史使命为由说些大道理，却不料王宠惠幽幽地回答："关键是我没有自己的想法。"

1958年3月15日，王宠惠因肺癌病逝，蒋介石手书"硕学丰功"匾额，对其治学与从政都给予了最高褒奖。王宠惠生前曾被推举为私立东吴大学董事会董事长，在他的努力下，东吴大学得以在台湾率先复校。六十余年后的今天，走在东吴校园，你会发现有一处杂草丛生的墓园，拾青阶而上，拂去墓碑尘土，依稀可见蒋介石手书"司法院院长王公宠惠之墓"的碑文。一代法学名家，终归冷草幽处，远离政治的纷扰，守望着这份荒芜与孤寂。

图1-6 东吴大学校园内的王宠惠墓碑

学者还是官僚　史尚宽

◉ "法律是我史家的"

如果将近代法律人物按照法学专业著作数量进行排序，史尚宽势必会位居前茅，著作等身于他而言，实不是一句夸大之语。他与同时代其他一些高产者（譬如梁启超）有所不同，后者的知识结构主要以国学为基底，论述面虽广泛，但法学方面的成就集中在法理与宪政这类问题上，接近于"公共知识分子"，还算不得专门的法学家。而史尚宽则在日欧学习法律十余年，所著均是以西方法学知识体系为基础的部门法研究，他的研究涉及民法、劳动法、行政法、土地法和信托法等多方面，每部著作动辄三五十万字，其中被誉为"民法全书"的代表作系列共计400余万字，涉及民法从总论到分论的各个方面，这个成就迄今为止仍是空前绝后的，史尚宽是名副其实的中国民法第一人。

正是基于此，在立法院里虽然有几十名立法委员，其中不乏党国元老，年仅28岁的史尚宽却绝对是其中的核心人物，他参与了几乎所有民国主要法律的制定。也难怪史尚宽的叔叔史推恩（字恕卿，号大化）会对别人说，"什么法律，法律是我史家的"①。

1899年，史尚宽出生于安徽桐城东乡史家湾，因他恰巧生在元月初一，便得了个"旦生"的表字。桐城不大，却兼有旧与新的特点，史尚宽受此影响颇深："旧"的一面是，桐城有崇尚文教的传统，素有文都之美誉。据史尚宽后人记载，他年幼时即"厚重好学，九岁受书，师即异之。十一岁能文章，惊乡党"；而到了清末，桐城又受时代潮流的影响，出现了外出留学的热潮，展现出"新"的态势。宣统元年，安徽有留日在校生43人，其中又以桐城为最，达到9人。②到民国时期，桐城留学之风不减，史尚宽在叔叔史恕卿的帮

---

① 许结：《诗因：父亲的诗与人生》，凤凰出版社2009年版，第51页。
② 参见《近代中国史料丛刊续编（第五十辑）·清末各省官、自费留日学生姓名表》。

助下,东渡日本求学,由日本高等学校而东京帝大,获法律学士学位。然后赴德,在柏林大学法律研究所学习,经过两年,又转法国巴黎大学研究政治经济,先后学习十余年,打下了极深厚稳固的学术功底,"故其时年未逾三十,而法界耆宿莫不赞其渊深也"。1927年回国后,史尚宽在中山大学担任教授,还应广东建设厅厅长马超俊之聘起草劳动法,所成草案为后来劳动法制定提供了丰富材料。1929年,史尚宽担任立法院委员一职;抗战初,他又任立法院法制委员会委员长。

平反函与弹劾案

史尚宽担任立法委员的时候,许多桐城人经常到南京来做生意,遇到纠纷就找史尚宽,史尚宽也是来者不拒,给老乡写个纸条,让他们拿着条子去找警察署。警察署自然不敢得罪这样一位名动中外的法学大家,常常给持纸条的人予以方便,久而久之,来找史尚宽办事的桐城老乡越来越多,后来史尚宽不堪重负,就直接印了一叠署有史尚宽名字的批条放在府上,只要有同乡人来拜托,就直接到门房领批条一张,史尚宽的批条就成了二十世纪三十年代初桐城人在民国首都南京的保护伞。①

有一次,桐城人叶芬被告侵蚀公款,当地法院正在对其进行审理,在南京支持叶芬的人找到史尚宽,拿出一封以"桐城旅京同乡会"名义联署的呼吁平反函请他签名,史尚宽念及同乡情谊,未及细细掂量,就署上了自己的名字,并在后注明"立法院委员"四个字。这封信被寄给了安徽高等法院院长曾友豪,曾友豪却不小心将其放在公文中被人发现,于是被人拿住把柄,一纸诉状将曾友豪连同史尚宽告到了监察院。

在民国五权宪法中,监察院有对立法委员的弹劾权,但由于在制度设计上权责不明,这项弹劾权倚仗于行政部门内部的自我惩戒,所以监察院一向被视作纸老虎。可巧就巧在,这件案子偏偏落到一个叫高友唐的监察委员手里。高友唐资历很深,追随过

图2-1 高友唐

张之洞,和末代皇帝溥仪有交情,蒋介石曾请他作为密使与溥仪谈判。更为难得的是,高友唐为官认真负责,不畏强权,清廉正直,揭发过多起高层人物的舞弊案,如他弹劾杨肇熉、郑毓秀等贪婪不法、狼狈为奸一事(参见本书《众说

---

① 参见许结:《诗囚:父亲的诗与人生》,凤凰出版社2009年版,第51页。

纷纭的"她"》一文)。据近代著名记者、出版家邹韬奋辑录当时京讯,事发后郑毓秀向高友唐行贿,高友唐对此不屑一顾,称"须知中国官吏亦有不爱钱者"①。因此,高友唐查办此案后,秉持着一贯追查到底的态度,要求国民政府对史尚宽予以处分。史尚宽则对此事有所申辩,说自己对涉诉双方叶芬、吴光祖本不了解,当时有桐城耆宿两人来京,称叶芬因公受累,请求援助,于是联合旅京桐人致函曾友豪要求秉公处理,而史尚宽当时在立法院开会,会后有同乡要求在函上盖章,在乡情面前,史尚宽不便拒绝,但自己的行为只是向法院陈述意见而已。②

对此,国民政府搁置了好几个月一直没有下文,希望淡化处理,高友唐非常生气,以监察委员身份发出质问:"抑且政府因庇袒史尚宽一人,而使官吏藐法横行,益无顾忌,既非澄清吏治之道,尤非廉洁政府之下所宜出此。"③ 在高友唐执着的追查下,国民政府最终作出回应:政务官惩戒委员会虽然认可史尚宽"系以公民资格,陈述意见"的申辩,但指出他在姓名下注以"立法院委员"的行为,虽未必有假

---

① 邹韬奋:《小言论》,商务印书馆2012年版,第376页。
② 参见《史尚宽、方治对监院弹劾之申辩》,载《申报》1931年6月15日,第9版。
③ 《委员高友唐、邵鸿基、田烱锦质问书》,载《监察院公报》1931年第3期,第103页。

借权势的嫌疑,但既引起外界"干涉诉讼之误会",则难免有疏忽之错,所以最终认定史尚宽应受惩戒,给了他申诫处分(略重于警告的行政惩戒)。① 一位著名的法学家一时不慎,竟落下干涉诉讼这么个法律污点,史尚宽多半也只能后悔不迭吧。

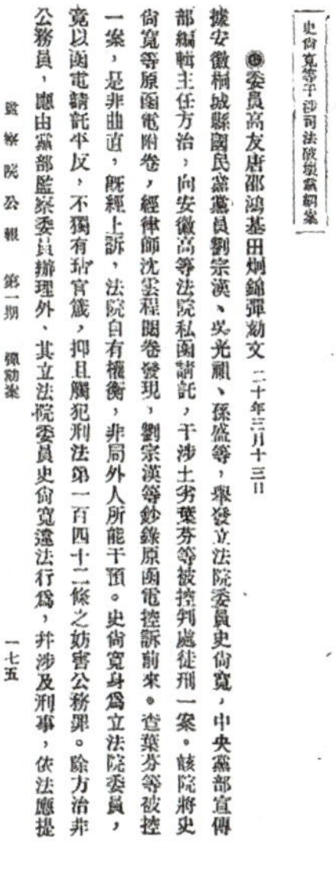

委员高友唐邵鸿基田炯锦弹劾文 二十年三月十三日

据安徽桐城县商民益群农员刘宗汉、吴光颜、孙盛等,渠登立法院委员史尚宽、中央党部宣传部编辑主任方治,向安徽高等法院私函请托,干涉土劣叶芬等被控列处徒刑一案,该院将史尚宽等原函电附卷,经衡阳高等法院沈云程阅卷发现,刘宗汉等被控一案,是非曲直,既经上诉,法院自有权衡,非局外人所能干预。史尚宽身为立法委员,竟以谢电转讬平反,不独有坏官箴,抑且触犯刑法第一百四十二条之妨害公务罪。除方治非公务员,应由党部监察委员分揩理外,其立法院委员史尚宽违法行为,并涉及刑事,依法应提

監察院公報　第二期　彈劾案

一七五

图2-2　《监察院公报》刊登弹劾史尚宽案

另一件令史尚宽后悔不迭的事也与桐城有关,不过这次与他的乡邻没有关系,而起于他的叔叔史恕卿。史恕卿对胡

---

① 参见《立法院立法委员史尚宽干涉诉讼案》,载《监察院公报》1934年第22期,第57—58页。

汉民、蒋介石没有好感，曾隐晦地告诫史尚宽说："人生出处，要认清前途。"史尚宽没有完全放在心上，还想为史恕卿在政府中谋得一官半职，报答叔叔的恩抚与帮助，于是宴请孙科、于右任、戴季陶等人，想要疏通关节。未曾想进餐时，史恕卿便直言："食不下咽，我是土包子，不会吃西餐。"宴散回家后，史尚宽告诉史恕卿国民政府拟决定任其为顾问，后者于是怒道："我一生清白自持，安能在此乌烟瘴气中求升斗之禄！"并于次日离开，前往上海了。①

"学者型官僚"还是"官僚型学者"

民国三十六年，国民大会举行各地代表选举，国民党安排史尚宽回老家桐城参选国大代表。史尚宽不像其他代表那样请客吃饭拉票，而是召集乡绅，以法学家的角度大谈国大代表的功能以及选举的责任，给桐城老乡上了一堂无趣的普法课，全无恭敬拜托之意，结果弄得当地乡绅很不以为然，史尚宽差一点没有当上国大代表。②

---

① 史维岫：《史恕卿老人奋斗的一生》，载中国人民政治协商会议安徽省委员会文史资料研究委员会编：《安徽文史资料》（第19辑），安徽人民出版社1984年版，第128—129页。
② 参见许结：《诗囚：父亲的诗与人生》，凤凰出版社2009年版，第51—52页。

这一叙事中史尚宽的处事风格很符合人们对学者型官僚的看法,但有意思的是,在另外一些记载里,这次选举背后却有政治斗争的影子,史尚宽也全然不是不知趣的古板学者形象,反而颇擅长因势利导、软硬兼施的政治手腕。另有记载,桐城县政府在省政府和干训联络指导处的指令下,预备选举干训生蒋抚为国大代表,以支持李宗仁,并率先活动,联络人员,只等投票。而史尚宽由省、县党部支持,"摸清桐城选举工作活动情况后,便利用权势和亲戚关系动员蒋抚让票。蒋抚因老婆是史尚宽的本家,慑于史的权势,当然就不敢与之抗衡了",开会商量时,史尚宽更在口头上许给蒋抚县长职位,后者顺水推舟接受下来,后来果真做了八个月的和县县长①。事实究竟如何,就留待各位读者自行判断了。

国民大会召开不久,国民党军事失利,败相已露。许多法律人开始思考去留问题,是留在大陆迎接新政府还是跟蒋介石迁台延续"法统"。当时有人劝他,法学家对新政府还是有用的,只要依附新政府,生活应该无忧,没必要去台湾受苦。史尚宽自称对个人命运有过思考,以其个性无法与新政府相处,于是未留在大陆。②

---

① 《史尚宽是怎样当"国大"代表的》,载政协桐城县委员会办公室编:《桐城文史资料选辑》(第4辑),1986年,第10—11页。
② 参见许结:《诗囚:父亲的诗与人生》,凤凰出版社2009年版,第52页。

到台湾之后，史尚宽在省立法商学院及东吴大学任教，1958年任"司法院"大法官、国民大会宪政研讨委员会编纂委员，1969年受聘为司法官训练所所长。他一生笔耕不辍，直至病笃，也仍在病中"手著民法总论六万余言，待付剞劂"。史尚宽赴台后安享了晚年，寿逾古稀而终。

图2-3　1909年的东吴大学主楼

法律不离社会 傅秉常

◉ 非法科人士领导立法

上世纪三十年代，一部由政治家和法学家联手打造的民国民法典，至今仍是中国法律近代化过程中的典范之作。每每谈及这部法典的制定和审议颁行，史尚宽、王宠惠等一大批民国时代法学家的名字就展现在我们面前。仔细翻阅那段历史，在当时的民法起草委员会中，史尚宽只是民法起草委员会的成员之一，王宠惠则仅是起草委员会的顾问，民法起草委员会的委员长则是一位被法学界遗忘了的重要人物：傅秉常。

傅秉常，原名裦棠，广东广州府南海县人，在近代中国以办理外交事务出名，曾任驻苏联大使。民国时的法学家大多自海外博士毕业，外语比较好，且多兼及比较法和国际法，所以类似王宠惠、王世杰等人都是以法学家和外交家双重身份驰骋在民国政坛。傅秉常毕业于香港大学，他学习的是土木工程，之后追随伍廷芳学习法律和外交。民国十七年，国民政府立法院成立，傅秉常是第一届立法委员，原本擅长外交的他主动希望从事民法的起草工作，于是被立法院院长胡汉民任命为外交委员会委员长并兼任民法起草委员会委员长，开始了一名非法科人士的立法领导工作。

从清末修律以来，中国就一直在努力地学习西方法律，并希望制定一部中国的民法典。立法院当时组建了一个由五人组成的民法起草委员会，除了傅秉常和史尚宽，其他三人为林彬、焦易堂和郑毓秀，而王宠惠和法国人宝道作为顾问参与。作为民法起草委员会委员长，傅秉常除了统筹全局，还负责起草债物法、亲属法与继承法的部分。

根据他自己的回忆，在民法制定过程中，傅秉常与史、林三人出力最多，王宠惠也参与了讨论。傅秉常负责所有英文资料的收集，史尚宽负责德法日文资料的收集，林彬负责

图 3-1 林彬

中国判例的收集,每人每天负责推敲若干条文。史尚宽擅大陆法,王宠惠擅英美法,焦易堂是秀才出身,在国内学的法律,郑毓秀在法国拿的法学博士,林彬毕业于北大法律系并一直从事司法实践工作,傅秉常则是跟随伍廷芳自学成才。大家的学法经历和知识结构都大不相同,有时为了一个条文的制定,常常会吵得面红耳赤①。

图 3-2 中华民国第一届立法院第一会期与会人员合影

---

① 傅秉常:《二十八、民法起草之经过》,载台湾地区"中研院"近代史研究所编:《傅秉常先生访问纪录》,"中研院"1993 年版,第 74—75 页。

"务使法律合乎社会需要"

也许正是由于傅秉常的非法科背景,使得他的立法立场更贴近于社会现实。教授他法律知识的伍廷芳擅长英美法,英美法更倾向于经验主义,看重法律与社会条件的协调。傅秉常亦亲口承认伍廷芳的见解对他起草民法的巨大影响,"据伍先生自称,彼于公司法、刑法尚能起草,商法之一部分亦能落笔,于民法则极感困难。如不顾地方风俗传统习惯,则徒法难行,如迁就传统陋俗,则又不成其为法律。伍先生对民法之见解于余日后起草民法时影响殊大"①。因此,立法在引导社会进步的同时,必须自我警惕不能过分激进,如果与现实脱节,则无法在社会中发生预期之效力。傅秉常认为史尚宽、郑毓秀等人的大陆法系背景倾向于法条的比较研究,而他却坚持"各国立法,多对社会情形,先妥为研究,务使法律合乎社会需要"的观点,这一态度相当鲜明地体现在傅秉常参与立法的整个过程。

当时楼桐荪负责草拟海商法,进展颇不乐观。于是,傅秉常向法国民商法权威爱斯嘉拉(Jean Escarra,也译埃斯卡

---

① 傅秉常:《十、生平受益师友》,载台湾地区"中研院"近代史研究所编:《傅秉常先生访问纪录》,"中研院"1993年版,第27页。

图 3-3 爱斯嘉拉

拉)请教,后者热心非常,直接寄来一份内容完备的法律草案,此草案最终却被傅秉常称作"无法实用之草案"。究其原因,则是傅秉常考虑到法律与国家的传统习惯、社会的现实需要密切相关,可否实用不能仅视内容是否周妥。若不顾中国的传统与现实,将爱斯嘉拉教授拟定的具有典型外国特征的法律草案生搬硬套进国内的法律制度中,这种不符合中国国情的条文当然不能发挥真正的实效。因此,"将 Escarra 教授所拟之三百余条法律,大事删节,仅存三分之一",这一做法无疑是理智且清醒的。①

再比如,当时"妾"这一概念,于民法典中如何规定是一个非常棘手的问题。如果在民法中予以承认,显得与世界潮流相悖,王宠惠等人都认为不应当在法律中予以规定。但若是不予规定,当时纳妾事实又极为普遍,法律就无法应对社会情况。傅秉常想了很久,用了一个颇具智慧的方式处理。他将妾的问题一分为二,一是关于妾本人的法律地位问题,二是妾所生子女的法律地位问题。对于妾本人的问题,

---

① 傅秉常:《二十一、关于起草法律之补述》,载台湾地区"中研院"近代史研究所编:《傅秉常先生访问纪录》,"中研院"1993 年版,第 85—86 页。

傅秉常建议规定为"虽非亲属,而以共同生活为目的者,视为亲属",将妾的问题化解为家庭成员的认定,实际上使各家庭中之妾仍具有家庭成员的身份。而关于妾所生子女的问题,由于在民国时期,人们观念中还没有婚生子与私生子的分别,因为传统中国的子嗣本就包括嫡出和庶出,所以傅秉常认为承认妾的子嗣即庶出之子作为家庭的一员,完全可以获得社会的接受,而以西方观点来看,更不失为对私生子的人道规定。这一条文送到立法院大会讨论时,被女性委员质疑是男性立法保护纳妾,大有誓不罢休之态。主持会议的胡汉民为此很替傅秉常捏了一把冷汗。傅秉常很机智地回答道:中国家庭中往往赡养远房寡居之伯母、婶母等,此为我国优良传统,应当保存。结果再无人有理由反对。①

在立法院讨论破产法中的债权人会议条款时,傅秉常力主在债权人无协议达成的情况下采取债权人平均分配的原则,并对破产人得采取较轻的惩戒。其他委员都认为这与西方对破产人严厉苛责的立法不同,表示反对。而傅秉常以自己的亲身经历来解释。他说自己在担任海南海关监督期间,曾参与过民间巨贾的破产处理,亲眼看到破产会议中债权人对于破产人余款的摊分极富人情味,大家对于破产者多同情

---

① 傅秉常:《二十八、民法起草之经过》,载台湾地区"中研院"近代史研究所编:《傅秉常先生访问纪录》,"中研院"1993年版,第75—76页。

而少仇视,甚至有债权人求官府为破产者谋一个差事糊口。傅秉常认为中国社会与西方社会不同,中国重人情,西方重利益,西方许多恶性破产,但中国人做生意重视人际,动机都很善良,很少恶性破产。中西对于破产的认识是不一样的,中国的法律应当顺应中国社会环境,对经营不善的破产人多抱持同情态度,并给予他日后恢复基业的期望。①

⬤ 重视本国社会文化

像傅秉常这样,在中华民族整体丧失文化自信的时候,还能对本国法律文化抱有这样的尊重态度,是难能可贵的。民国时的法律,大多数是以西方大陆法系的法律条文为蓝本,进行快速广泛的立法移植。法律移植的过程中,立法者往往以与西方法条相似为进步,以保留中国传统规则为落后,容易忽视社会实情,造成立法与社会脱节的情况。

比如,为保护未成年女子,民国法律设定了十五岁为"同意年龄",即女子不满十五岁的婚姻无效,如果女子未满十五岁,即使女子同意,男子与其发生性关系也以强奸罪论

---

① 傅秉常:《二十九、协助解决其他诸法律起草之困难》,载台湾地区"中研院"近代史研究所编:《傅秉常先生访问纪录》,"中研院"1993年版,第79—80页。

处，类似于当下中国刑法对强奸幼女行为的规定。这虽然是直接移植了西方法律，以便保护女权，但当时中国社会常以虚岁计年，在农村十五六岁的女子出嫁也并不罕见。后来山西发生一案，妻子与外人通奸，丈夫捉奸后提出离婚，法院一审理，发现该女子结婚时是虚岁十五岁，实际上未满十五岁，法官的最后判决竟是两人婚姻无效，无效婚姻当然没有通奸的问题，进而还要追究该丈夫的强奸罪。判决出台后，引起地方哗然，认为法律颠倒黑白，有人甚至扬言要捣毁地方法院。后来这个案件一直上诉到南京的司法院，院长王宠惠十分为难，找到傅秉常，商量处理办法。傅秉常提议两人以"立法解释"的方式来解围，先由王宠惠以司法院公函方式询问立法委员傅秉常在婚姻立法时原采何种观点，傅秉常回函表示当时未满同意年龄的婚姻并非"撤销无效"而是"可予撤销"。可予撤销的婚姻也可以不撤销，而且在没有撤销之前理应有效，化解了这个法条给农村婚姻带来的影响。①

仅此数例可见，傅秉常的法律视角更接近现下西方流行的"法律社会学"视角，并带有一定"历史法学"的观念，无论别国的法律如何制定，本国的法律是本国民族精神的体

---

① 傅秉常：《二十九、协助解决其他诸法律起草之困难》，载台湾地区"中研院"近代史研究所编：《傅秉常先生访问纪录》，"中研院"1993年版，第80—81页。

现，如果不能很好地解决中国问题，那么再好的法律也不是最适合中国的法律。

傅秉常这样一个非法科专业的法律人，先后主持了民法各编及破产法的制定，并参与了强制执行法、水利法、劳工法等多部重要法律的制定。不仅如此，他还是《五五宪草》审查委员会的召集人，对民国宪政设计亦有贡献。傅秉常虽没有进行过专业的法律学习，但他的"社会眼光"对民国法律的影响是许多知名法学家都不能比拟的，后来程沧波评价这位老朋友时，虽难免有美化拔高的色彩，却恰当地指出了他的贡献："秉常先生并不是学法律出身的，然他的综合与分析的能力，比任何人都高强。一部民法当然不是他一个人的贡献，但是作为民法修订委员会召集人，却有极大的功绩。"①

---

① 程沧波著、林建刚编：《程沧波文存》，华龄出版社2011年版，第139页。

图 3-4 傅秉常手书"纳民轨物"

无法实施的法律　陈肇英

● 革命元勋从政

陈肇英，字雄夫，浙江省浦江县人，武学科班出身，早年求学于浙江四府公学、武备学校、炮兵将校专科学校。参加革命后，他长期执掌兵符，治军"恩渗以威，宽而不猛，视士卒为子弟，故临阵将士皆用命，从连营长以至总绾师干，绥靖地方，造福闾里，人咸德之"。武昌起义后，孙中山嘉许陈肇英光复宁波之举，送一金质挂表，镌"汉族有赖"四字；护法运动时，陈肇英有效配合了护法政府援闽粤军的行动，孙中山亦评价颇高："肇英同志知览：顷诵惠书，备述此次西南倡义护法,执事提军入闽,首为响应,此固为护法大义,深入人心,然非执事爱国之勇,见义之决,何至于此?"至1919年春,蒋介石任粤军第二支队司令官,与陈君驻地相邻,两人意气相投,结为兄弟,称"情同骨肉,誓共生死"①。陈炯明兵变时,陈肇英登上永丰舰晋见孙中山,受命担任临时讨逆军第一路司令,深受孙中山信任,并持续与蒋介石保持密切关系,此后即以革命元勋身份一直驰骋民国政坛。

国民政府成立后,陈肇英由军转政,于1928年担任立法院立法委员,并蝉联两届,后又兼任立法院军事委员会委员长。他参与了土地法等主要法律的制定,参与草拟了中华民国宪法。1932年年末,国民党开始筹备宪政事项,立法院根据《立法院组织法》第二条的规定成立各委员会,陈肇英即为审查委员会委员。准备工作完成后,经孙科指定,陈肇英作为七名初稿主稿委员之一,开始草拟宪法草案的工作。草案多次公开发表征求社会意见,并经反复讨论修改,终于在1936年5月5日公布,即《五五宪草》。一个月后,陈肇英在总理纪念周发表《对于宪法草案精神应有之认识》的讲话,讨论宪法规定中的领土、民族、国都、人民的权利义务、国民大会、紧急命令、立法、监察方面的重要问题,尤

---

① 陈士濂:《情同骨肉 誓共生死——陈肇英与蒋介石》,载严如平主编:《蒋介石与结拜兄弟》,团结出版社2002年版,第263—264页。

其提到草案内容应植根于本国国情,不能片面地以他国情形比较:"本来总理的建国大纲,自为我们草拟宪法的基本原则,但是总理并不会想到中国政治因受环境的牵制,至于今日地方自治之基础,尚如此的幼稚,使总理还是健在的话,亦不得不因应环境之宜而为之。"①

新盐法的命运

陈肇英在担任立法委员期间,所目睹的新盐法施行过程中的反复角力,或许是他所经历的无可奈何的痛心之事。

1930年5月,立法院成立盐法起草委员会,陈肇英名列其中,连同焦易堂、陈长蘅、马寅初等十五人一起着手新盐法的草拟。其实,有识之士对盐制的积弊心知肚明,关于盐务、盐法的讨论很早就有,也不全由立法院发动。中国盐制长久以来实行捐商专卖和高额税率,饱受诟病。盐务学者左潜庵曾形容专卖是"官视商为利薮,商得官为护符。官商勾结,黑幕重重,上以蠹国,下以厉民"②。

---

① 陈肇英:《对于宪法草案精神应有之认识》,载《福建党务月刊》1936年第4期,第11—14页。
② 左潜庵:《盐法改革问题之释疑与辟谬》,载景学铃编:《盐政丛刊二集 下》,盐政杂志社1932年版,第749页。

1928年的全国财政会议议决以就场征税、自由贸易为原则,第一步从整理场产、划一盐税做起。1929年财政部拟有私盐治罪法,由行政院咨送立法院审议。立法院认为该法应当缓议,并以二中全会"整理盐法,减轻盐税,剔除积弊,调节盐价,财政部应于十八年内制定此项计划,负责执行"的决议,令财政部草拟盐法全案,但经过一年,财政部仍未草拟,立法院才在1930年5月24日讨论盐制品监督条例时,发起上述成立盐法起草委员会、草拟新盐法之议。①

图4-1 二十世纪三十年代的国民政府立法院

① 参见陈长蘅:《新盐法的起草经过及其内容说明》,载《盐政杂志》1931年第52期,第1—17页。

被推为立法院盐法起草委员后,陈肇英在《盐政杂志》上发表其倡导新法、厉行改革的意见,并罗列了制定新盐法的六大目标:撤销引岸;废除专商;就场征税、自由贸易;检定盐质成分;农工用盐免税;划一税则。① 1931年3月21日,在社会各界关注下,立法院表决通过了由陈肇英等人草拟的新盐法。新盐法第一条就开宗明义宣示:"盐就场征税,任人民自由买卖,无论何人,不得垄断。"

新盐法的变革会触及许多官商的利益,考虑到这会导致官商的强烈反弹,立法院在新盐法的施行时间上作出了妥协。立法院颁布的新盐法生效而不立刻施行,新盐法最后一条规定,施行时间"由国民政府以命令的方式决定"。陈肇英等立法委员在盐法草案说明中对此的解释是:"本法为改革盐政之根本法,自应经过相当筹备期间始能全部施行,故本条规定施行日期,以命令定之,凡一时或永远不能施行本法之边远区,如新疆外蒙西藏等,自应由国府斟酌情形,另以命令定之。"

改革的实质是利益的再分配。新盐法的出台既是盐业相关利益的再分配,必然牵扯到多方势力,受益一方欢喜庆贺自不必说,而自觉利益受损一方必将穷尽所能,阻挠新盐法的实施。

---

① 参见陈肇英:《改革盐政意见》,载《盐政杂志》1930年第50期,"专载"第1—5页。

所以，即使立法院已经给出了新盐法的缓冲期，却仍未预计到新盐法遭受到的强大阻力。在专卖垄断市场中，食盐买卖的受益者主要是具有专卖资格的垄断商和政府主管官员。新盐法出台前，盐商多次以集会请愿方式表达意见，反对废除专营，各地普通民众、新闻舆论和学界则发声支持自由买卖。新盐法出台后，争议仍长久持续，四川等产盐大省要求中央认定本省为不施行新盐法的省区，贵州等购盐省份则多次发布电文支持新盐法早日全国推行。长期主管国民政府财政事务的宋子文随即也加入了争论，并要求立法院覆议。他以财政数据强调了专卖的盐税收入在国家财政预算占极大比重，一旦取消，国家捐税会有大幅度下降，不利于政府建设和军事战备。

于是，新盐法陷入了两难之地：一边是财政的需求和官商的掣肘，一边是社会的发展和强大的民意。在国民政府最高领导层的默许下，新盐法成为民国时期一部经过立法机关表决、颁布、生效，却始终没有得以施行的法律。为应付社会的舆论，不时有配套法案出台，如1932年5月《盐政改革委员会组织法》公布生效，但实际上该委员会一直没有设立，新盐法也被束之高阁，成为一纸具文。

1934年12月，在国民党第四届中央执行委员会第五次全体会议上，陈肇英重提新盐法施行一事，他的两项提案均与盐法相关：一是领衔提出"克日成立盐政改革委员会，一年内实行盐法,以利民食而裕税收"一案①;一是与周启刚等一起提出"恢复人民食盐自由,并准许自由贩运,以增进民族健康案"。在提案中,陈肇英对新盐法被搁置三年多而不施行感到失望,他指出,"盐务因专商、引岸之把持,流毒所至,人民痛苦日深,侵害国税尤巨,社会民生交受其害","阻害国民健康危及社会治安至深且巨",他引用盐政学者的统计,对新盐法施行会影响财政收入的说法进行驳斥,"全国盐税收入可收二万五千万元,而去年实收额仅一万六千万元,每年漏税竟达一万万元之谱,即此足证专商之积弊重重,根本改革刻不容缓","新盐法适合国法,有利国税民食,久为社会所拥护"。他提议,一个月内成立盐政改革委员会,改革委员会成立后即日呈请行政院通令全国,恢复人民自由购食,表示改革决心,并按实际情况一年内分区实施新盐法,两年内全国各区全面施行。②

陈肇英的提案反映了社会对实施新盐法的呼声,得到众多与会人士的呼应。在此氛围下,国民党第四届中央执行委

---

① 陈文书:《陈肇英、周启刚等改革盐政案原文》,载《励志》1934年第2卷第50期。
② 《财政部盐务署抄发国民党四届五中全会通过改革盐政案等文件训令(1935年1月18日)》,载财政部财政科学研究所、中国第二历史档案馆编:《国民政府财政金融税收档案史料(1927—1937年)》,中国财政经济出版社1997年版,第841—843页。

员会第五次全体会议作出决议，一年内实行新盐法。这是陈肇英对新盐法所做的最后努力，此时他已辞去立法委员，转任监察院闽浙监察使。一年后，新盐法不出所料被束之高阁，仍未能正式施行。

"立体生活"与"平面生活"

身在福建的陈肇英逐渐远离了立法事务，在担任闽浙监察使的同时，于1935年兼任国民党福建省党部主任委员，专门梳理闽省党内派系纷争。"卢沟桥事变"后，福建省主席陈仪自恃精通日本国情，认为日本不会全面入侵中国，中国也不应扩大事端，对福建抗战防务态度消极，陈肇英以军人直觉，力排众议，称此时已到中国最后关头，应即行全民动员。到12月，福建全省市县都成立了抗敌会，陈肇英还组成抗战剧团巡视全省，做抗战宣传。当年中央考核地方事务，福建抗敌工作居全国第一。抗战临近胜利时，陈肇英还上呈《收复台湾准备工作意见书》，对台湾收复过程中的注意事项、收复成功后的建设工作作出讨论。[①]

---

① 《陈肇英呈收复台湾准备工作意见书》，载钟河林、曹必宏主编：《血与火的记忆——台湾抗日档案文献诗文选编（馆藏档案卷）》，线装书局2015年版，第225—234页。

图 4-2 陈肇英所撰《收复台湾准备工作意见书》

陈肇英得中央政府信任，工作颇有成效。他曾跟下属谈及工作中要区分"立体生活"与"平面生活"，"立体生活者，办公机关内，职责所在，层层节制，上有所命，下必服从也。平面生活者，凡属同僚，皆如家人子弟，亲戚友朋，一律平等也。"抗战期间，陈肇英募款二十多万元，为家乡筹建普义中学（后改名中山中学），于1939年开学招生教学至今。陈肇英临终前还嘱托台胞张时操、黄新榜将自己珍藏的"二十四史"带回浦江，赠予中山中学，2009年国民党名誉主席连战特地给该校七十年校庆题词"谦冲自牧"。内战后期，陈肇英随国民党赴台，二十余年不置产业、租住房屋,常念有朝一日重归故乡,最终于1977年病逝。陈肇英一生先后从事军务、政务、法务、党务,受限于历史机缘,其名在大陆已如雁过之痕,而政治活动之余的助学义举却让陈肇英的雕像留在了浦阳江畔、官岩山麓,实现了长守故土的夙愿。

一生都作正确的选择　江庸

选择正直

杭州灵隐寺有一副楹联：

古迹重湖山，历数名贤，最难忘白傅留诗，苏公判牍；

胜缘结香火，来游初地，莫虚负荷花十里，桂子三秋。

联中提到的白傅即白居易，苏公即苏东坡，在中国法律史上也有影响。这幅楹联的作者也是近代法律史上的一位重要人物，即曾任大理院推事、京师高等审判厅厅长、司法部次长、修订法律馆总裁、司法总长等职的江庸。

江庸，字翊云，福建长汀人，出生于四川（今重庆）璧山，少时入读成都中西学堂。1901年赴日本留学就读于成城学校，后转入早稻田大学。1906年回国后任北洋法政学堂总教习，并长期执掌司法。

江庸自号澹翁，并给寓所取名为"澹荡阁"，体现他澹泊明志、清静寡欲之意。他的一生坚守这一品质，这一品质让他在多次重要的人生抉择中作出正确的决定。他历经北洋政府、国民政府和共和国，备受推崇，得以善终。

1915年，江庸考察东三省，向袁世凯力陈奉吉两省政治腐败，只有黑龙江将军兼省长朱庆澜励精图治，江庸建议袁世凯将其调至奉天，称："倘各省省长都如朱庆澜，总统亦庶无宵旰之忧矣。"袁很不以为然，江庸提交辞呈以示不相为谋。袁世凯让秘书长草拟慰留，并劝告江庸以后"但做官、少说话"[①]。江庸直言之名得以显见。

江庸在1917年出任司法总长，当局要赦免刚刚复辟失败的张勋，江庸认为"民国方恢复，张勋尚在逃，即赦复辟要犯，何以惩前后？"于是他选择了坚守自己的底线，辞

---

① 《江庸自传》，载中国人民政治协商会议上海市委员会文史资料工作委员会编：《上海文史资料选辑》（第45辑），上海人民出版社1984年版，第64页。

去了北洋政府的司法总长一职。他后来回忆自己这次辞职，"民国以来负政治责任辞职者，庸尚属第一人"。易宗夔模仿《世说新语》所著的《新世说》一书，被蔡元培称之为"精释而推言之，几乎无一字无来历"。《新世说》记录了江庸辞职这件事，赞其不随波逐流，并附上了江庸所作《书怀》七律："急流尚幸抽身早，阅世初知获咎多。何事中年要陶写，纵横书卷待摩挲"，易宗夔称赞江庸"持躬方正"。①

图 5-1 民国《新世说》封面

---

① 易宗夔:《新世说》，张国宁点校，山西古籍出版社 1997 年版，第 138 页。

事实上，江庸因坚守底线愤而辞职不止一次。1922年，罗文干被诬在中奥借款中有纳贿情形，受屈入狱，经法庭判决无罪出狱后，司法总长程克命令检察厅不服判决，提起上诉，罗文干再度入狱。时任修订法律馆总裁的江庸义愤之下，通电辞职："干涉司法，竟出之司法当局，殊出意外，庸职司修律，目睹约法无效，其余司法法规，更可任意破坏，何必徒耗精神，从事修订？"① 一时之间全国司法界为之哗然，到1924年检察厅撤销上诉，事情才算了结。

选择气节

江庸爱游历，著有《台湾半月记》《菲律宾游记》《欧航琐记》《佘山三日记》，还有华山、黄山、盘山、上方山等游记，"生平对于山水有深挚的爱好"②。江庸也善诗文，出版了《百花山诗草》《南游诗草》等诗集，被视作"诗文的好手"，1940年还与章士钊、沈尹默、潘伯鹰、许伯建等人成立饮河诗社，并多次写诗刊登在饮河诗社所编《诗叶》上，"章孤桐老人（士钊）亦司法界前辈，和江庸先生极相

---

① 《江庸辞职出京之情状》，载《益世报》1923年1月21日，第3版。
② 潘伯鹰：《小沧桑记》，上海辞书出版社2013年版，第11页。

得，酬唱之作，时见披露"①。

江庸的这些爱好与他父亲江瀚对他从小的培养有关。江瀚，字叔海，著有《慎所立斋稿》《壮游》《东游》等集，陈石遗录其诗入《近代诗钞》，系当时的一代名宿。② 按照江庸自己的说法："余生五十有七年，自垂髫迄今，盖无一二年离吾父母之侧。斯卷涉及经史，多习闻庭训，退而自记，经吾父所涂改者。人生年近六十，犹获依父母膝下，并世已罕见其人，矧父之于余，则父而师也。"③ 如果把江庸的随笔和他父亲江瀚的日记进行对比，可以发现江瀚的许多思想和人际方面的引导对江庸此后的人生帮助很大。比如1908年江瀚日记记录"偕汪子健有龄游火神庙及厂甸，庸儿侍从"，这位汪有龄就是后来和江庸一起创办朝阳大学的钱塘望族之后。江庸的书法也习自江瀚，父子两人作品风格极为相似。因此，江庸自称"经史词章之学多受之先父"④，确是情真意切之语。江庸爱画竹，他对前人所说"喜气画兰，怒气画竹"并不认同，他说"画竹之前，必先胸怀淡定，一无尘滓，

---

① 潘伯鹰：《小沧桑记》，上海辞书出版社2013年版，第86—87页。
② 参见郑逸梅：《民国笔记概观》，上海书店出版社1991年版，第25页。
③ 江庸：《趋庭随笔》，朝阳学院1934年版，第1页。
④ 《江庸自传》，载中国人民政治协商会议上海市委员会文史资料工作委员会编：《上海文史资料选辑》（第45辑），上海人民出版社1984年版，第67页。

然后命笔。自然清韵秀色,纷披楮墨之间。若然真正怒气冲天,那所作一定枝干错乱,剑拔弩张,还有什么可赏呢!"①

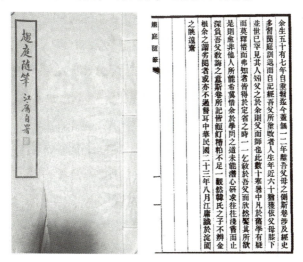

图 5-2　江庸撰《趋庭随笔》

江庸喜爱竹,因为竹象征不屈的节气。1926 年江庸迁居上海,从事律师职业。1936 年年末,上海发生轰动一时的救国会七君子案,江庸等多位律师为之义务辩护,在法庭上慷慨发声。抗战时期,身在沦为孤岛的上海,如江庸一般的法政人士面临着选择:是出任伪职,享受荣华富贵?还是坚守民族大义,做铮铮铁骨?日伪当局授意温宗尧邀请江庸出任伪职,遭到严词拒绝。日伪侵华军总司令畑俊六是江庸在日

---

① 郑逸梅:《林下云烟》,北方文艺出版社 2019 年版,第 51 页。

本读书时的故友,他也登门拜访劝江庸任职,江庸以诗文回复:"吾独爱孤竹,挺身霜雪中,不曾似行苇,仰倒只随风。"不仅如此,他的学生赵欣伯出任伪政府职务,江庸专门致电,严厉批评:"顷阅所发宣言,至为狂谬……若凭借外力,为虎作伥,是卖国之行为,为国人所共弃,望速猛省,勿再与闻,如不见听,从此绝交。"① 华北沦陷后,日本欲诱吴佩孚出山以借助他在旧军队中的威望,江庸与吴有旧,去函规劝,言辞诚恳:"以公之明,必能洞烛其奸,勿劳赘渎……大贤举措,系国安危。"吴佩孚后来回信,自称深明爱国大义,当以死相持。②

选择和平

抗战结束后,作为国民参政会主席团成员,江庸选择和平,他对蒋介石发起内战十分不满,不仅拒绝参加国民党操办的国民大会,也拒绝担任大法官。1949年年初,江庸选择与颜惠庆、章士钊等人一同代表李宗仁与共产党和平谈判,

---

① 《江庸警告赵欣伯:卖国行为人所共弃》,载《法律评论》1931年第9卷第2期,第32页。
② 参见江靖:《先父江庸劝吴佩孚拒日招诱函》,载中国人民政治协商会议上海市委员会文史资料工作委员会:《上海文史资料选辑》(第58辑),上海人民出版社1988年版,第36—37页。

先在北平与叶剑英、董必武、林彪、傅作义等人交流,一周后到西柏坡,受到了杨尚昆、周恩来等人的欢迎,并与毛泽东等人长谈,临行抄呈诗歌《感事》一首:往诉还防彼怒逢,刃经屡折岂成锋。不辞攘臂为冯妇,只恐将头赠马童。眼坠雾中花变色,爪留雪上雁无踪。叶公毕竟乖真赏,性到能驯定伪龙。因为这首诗颇为巧妙地描绘了当时国共双方与爱国民主人士的微妙关系,所以后来陈毅告知江庸毛泽东认为此诗颇能反映当时和谈的意境。①

江庸选择滞留上海不去台湾,显然,这一选择并非临时起意——当初与共和谈结束后,江庸等人受到国民党党政要人的接见,但他们"对重谈和平并不感觉高兴,也未听到承认失败的话",吴铁城在公宴时说"我们国民党人把人心都早已失掉",在场人士听了也无动于衷。② 亲睹此情此景,一心求和平的江庸自然知道自己同国民党并非一路人,于是不再参加第二次和谈,"逆料其必无成效故也"③。1949年8月

---

① 江式高:《毛泽东函邀江庸参加新政协》,载中国人民政治协商会议深圳市委员会文史资料委员会:《深圳文史》(第2辑),第4—6页。

② 参见江庸:《和谈回忆》,载中国人民政治协商会议上海市委员会文史资料工作委员会编:《上海文史资料选辑》(第3辑),上海人民出版社1980年版,第133页。

③ 《江庸自传》,载中国人民政治协商会议上海市委员会文史资料工作委员会编:《上海文史资料选辑》(第45辑),上海人民出版社1984年版,第67页。

19日，毛泽东亲笔寄函给江庸："时局发展甚快，新政协有迅速召开之必要，拟请先生及颜骏人先生参加，不识可以成行否？"收到信函后，江庸欣然前往，成为新政协的一员。新政协代表年逾七十者全国仅24人，江庸为其一，其年71岁。

中华人民共和国成立后，江庸当选政务院政治法律委员会委员，第一、二届全国人民代表大会代表，华东军政委员会监察委员会委员，历任上海市文史馆副馆长、第二任馆长等职。江庸虽不再担任法政要职，但仍旧关注法政事务，曾在研究1954年宪法草案时，就政协的性质、产生等相关问题，去函与陈叔通讨论。① 1960年2月9日，江庸病逝于上海，他平生不事蓄积，逝世后所遗款仅3000元、公债2000元。他逝世前，嘱托将家中稍有价值的文物都全部捐赠给了国家。子女回忆他时的这段评语，可说是恰如其分："父亲是一个重视大节、立场坚定、绝不屈服于日本人统治的爱国民主人士。他性喜旅游、吟诗作画，又是一个淡泊名利的诗人。"②

---

① 参见江靖：《有关先父江庸的点滴史料》，载中国人民政治协商会议上海市委员会文史资料工作委员会编：《上海文史资料选辑》（第45辑），上海人民出版社1984年版，第71页。

② 江康：《回忆与父亲度过的岁月》，载《世纪》2008年第2期，第21页。

图5-3 江庸等在西柏坡与中共领导人合影
(右起:周恩来、江庸、颜惠庆、章士钊、邵力子、杨尚昆)

6

因办案而转行 卢信 余绍宋 戴修瓒

❂ 政治不应干预司法

"真的猛士,敢于直面惨淡的人生,敢于正视淋漓的鲜血。"

这是鲁迅在《纪念刘和珍君》一文中的呼喊。1926年3月18日,北京各界人士、各校学生五千余人,在天安门集会,并赶往铁狮子胡同向段祺瑞执政府请愿,遭军警镇压,死伤多人,史称"三一八"惨案。鲁迅先生笔下年仅22岁的刘和珍就在这场惨案中遇害。

图6-1 "三一八"惨案后北京各界人士赴国务院请愿

惨案发生后,各界哗然。清华学生包华国等350余人联名向京师地方检察厅递交控状,控告国务总理贾德耀等人,要求杀人凶手承担法律责任。眼见事态扩大,段祺瑞召集贾德耀内阁召开阁员会议,讨论事件处理。3月4日才被任命为司法总长的卢信参加了此次会议。段祺瑞向卢信问及事件后续如何处理,卢信回答称政府对此事应对失当,应当惩办卫队暴行,要求内阁下令"陆军、司法两部依法惩办",然而内阁正式文件却把卢信所提"惩办"字样改为"办理"。卢信大为不满,愤而辞职,并称"如大家不走,我一人走"①,由

---

① 朱馥生:《浅谈余绍宋先生民主、法治思想》,载浙江省龙游县政协文史资料委员会、浙江省龙游县余绍宋研究学会理事会编:《浙江省龙游县政协文史资料(第4辑)余绍宋》,团结出版社1989年版,第279页。

此不再到司法部视事,以示自己不同流合污,部内诸事均交由司法次长处理。

图6-2 卢信

卢信是广东顺德人,早年加入兴中会,先后主持《大江日报》《民生日报》《中国日报》等报刊,宣扬革命,他曾译《美国宪法志》,为临时约法的起草提供参考。担任司法总长后,卢信自感与司法事务"素甚隔膜","非求一干练之才充任次长不足以资臂助",于是经王宠惠推荐,余绍宋担任其间的司法次长。余绍宋毕业于日本东京法政大学,曾在司法部任参事一职长达七年。余绍宋在1921年就担任过一年左右的司法次长,任期内,他不满军政势力破坏司法独立,曾在日记中记载:"老张(指张作霖)又来电干涉东省法院,竟将法院判定之案提去自审。种种不合法之举动,令人难堪。依我主张,非痛驳不可。"在排斥政治干预司法方面,卢信和余绍宋二人态度完全一致。因此,卢信不在司法部期间时,代行职责的余绍宋也主张依法查明真相,追究法律责任。

按照段祺瑞的指示,陆军部和司法部展开对"三一八"

案的调查。陆军部在段祺瑞的授意下,认定请愿学生受共产党蛊惑,以暴力伤害军警,军警卫队行为属于正当防卫。国务院据此发出"临时执政令",通电缉拿徐谦、李大钊等人,污其"假借共产学说,唆聚群众",企图以此推卸责任。

司法系统负责调查的是京师地方检察厅,检察官戴修瓒为湖南常德人,少时与同乡陈瑾昆等赴日留学,毕业于日本中央大学法科,是当时有名的民法学者。在卢信和余绍宋"依法办理、勿稍瞻徇"的指示下,京师地检厅通过勘查取证,得出了不同的结论。检察

图6-3 余绍宋

官戴修瓒在4月2日公布了调查报告,并以公函送至陆军部。该调查报告推翻了陆军部所称学生暴力伤人的情节,认为双方推搡间军警"伤亡均难谓为群众所加害",指出陆军部的报告与现场警兵所供述事实不符。这份调查报告最后指出:

> 学生人等少不更事,平日言行容有轻躁失检之处,然此次集会请愿宗旨尚属正当,又无不正侵害之行为,而卫队官兵遽行枪击死伤多人,实有触犯刑律第三百一十条之重大嫌疑。惟事关军人犯罪,依据陆军审判条例

第一条及陆军刑事条例第一条应归军事审判机构审理，除国务总理贾德耀等被诉命令杀人部分，仍由本厅另案办理外，相应抄录本案全卷三宗，连同尸身照相死伤人名清单，暨卫队旅原送各物证，一并移送贵部，请即查明行凶人犯，依法审判，以肃法纪。①

戴修瓒的这个调查报告，彻底否定了军警动手杀害请愿学生的合理性。王世杰称，这份报告是"三一八"案的"铁证"，"地检厅能大胆无畏举发这回惨杀事实，殊值得社会的敬重"②。地检厅的这份报告也让段贾二人站到了舆论的风口浪尖。法学界开始广泛声援地检厅，如天津法学会就在隔日的《益世报》刊文：

> 当此法权会议举行，及各国将考察中国司法之际，以首都重地，发生重大惨案，一国行政首领，酿成杀人行为，如不依法检举，恐外人有所藉口，领事裁判权无撤销之希望，……国家法律，不能因段祺瑞等少数人而废弃，法院不能因彼少数人而成虚设，领事裁判权不能因彼少数人而不能撤销。

---

① 参见《京师地方检察厅公函（一九二六年四月三日）》，载江长仁编：《三一八惨案资料汇编》，北京出版社1985年版，第107页。
② 王世杰：《京师地检厅与三一八惨案》，载《现代评论》1926年第3卷第70期，第4页。

"段祺瑞跑了"

根据当时《陆军刑事条例》和《陆军审判条例》的规定，军人案件由军事审判机关管辖，地检厅和普通法庭都无法受理法办军人的诉求。而段祺瑞执政府是实际意义上的军政府，段、贾等人都有军职在身，是否可以通过诉讼手段追究段、贾等人的法律责任，就成为一个法律难题。针对"三一八"案中这一类法律问题，北京法政大学聘请了多名法学教授针对案件进行专题演讲。黄右昌等法学名家都指出应当向段、贾二人追责。王世杰认为，法律应该对军人的概念作最严格的解释，非战争时期，非军人之间的非军事犯罪，应该适用普通诉讼程序，"地检厅应断然向普通审判法庭提起公诉"①。翁敬棠更是从审判管辖、正当防卫、法律责任等多个方面详细论证了执政府和内阁承担责任的法理，引起极大的反响。② 一时间，各类报纸杂志纷纷跟进，追讨执政段祺瑞和总理贾德耀的法律责任成为"三一八"案后的舆论主流。

---

① 王世杰：《京师地检厅与三一八惨案》，载《现代评论》1926年第3卷第70期，第5页。
② 参见翁敬棠：《三一八惨案法律问题》，载《法政学报》（北京1918）1926年第5卷第1、2期合刊，第5—7页。

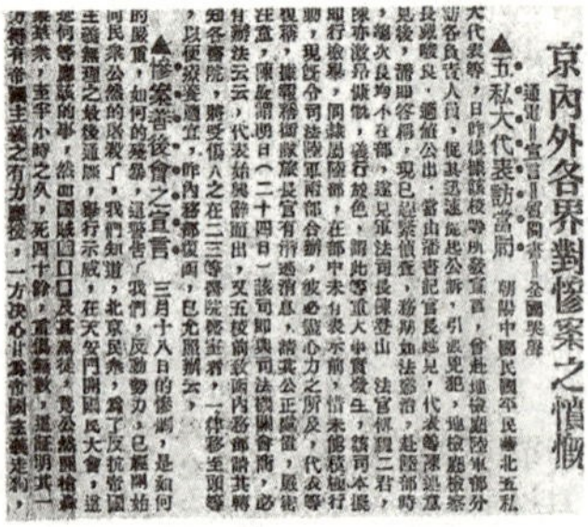
京內外各界對慘案之憤慨

滬學生總罷課

中國共產黨爲段祺瑞屠殺人民告全國民衆

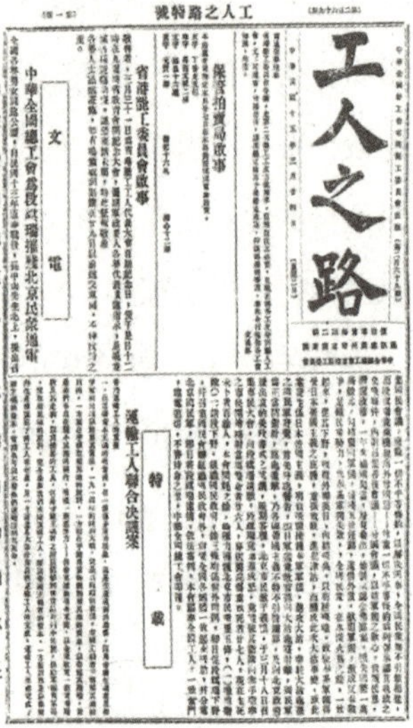
工人之路

图 6－4　“三一八”案后舆论，多为追究段、贾之责

因为司法部门的"不配合",段祺瑞对卢信、余绍宋等十分不满,加之两人在之前的"金佛朗案"丑闻中也没有屈服于政府,所以段祺瑞干脆同时免去了两人司法总长和次长之职。余绍宋在给友人祝康祺的信件中详细描述了这一过程:

> 自三月十八日惨案起,政府下令诬学生为共产派。事经京师地方检察厅侦查,断言其不应开枪残杀,公函陆军部以法办理。公函所称悉主公道,政府大不谓然,各学校同时提起公诉,控告执政国务总理及各国务员。检厅当然受理依法侦查,并传执政及总理。于是政府益恨,时卢君已不到部矣。政府意欲由部密令检厅,为不起诉处分,冀以了结。侄自不能允。从本月九日鹿钟麟逼宫通电即以此两案为段罪。自十八日鹿退出京师。翌晨段竟复职。于是迫卢君及侄了结两案益亟。是日中午开国务会议,卢因已辞不往,促侄往,侄以此次复职实太滑稽亦不往,下午催益急。侄正草辞职书未竟,而电话至谓已不复经阁议,径下免职令矣。总次长同时免职,且不经阁议而径行,实开国以来所未有。……卢君与侄维持司法,不畏强御之

精神,乃大白于天下。①

虽然段祺瑞最终没有受到法律的处罚,但"三一八"案却给了段祺瑞政敌以口实,也成为压垮段祺瑞执政府的最后一棵稻草。一个月后,段祺瑞黯然下野,从此淡出政坛,京师报纸以"段祺瑞跑了"为题形容其仓皇之态,可见其民心尽失。

退出司法界

"三一八"案中,卢信、余绍宋、戴修瓒等法律人尽力维系了司法部门在政治格局中的相对独立性,这也使民众愿意将依凭法律、诉诸法庭作为解决这一冲突的主要途径。因为此案,卢余戴三人都离开了民国司法界,并选择了不同的人生道路。

卢信从"三一八"案后就退出政坛、闭门著书,自谓以"暮鼓晨钟之音"宣扬"不彻底主义",主张政党有序均衡竞争和人民自由抉择,数年后病逝。②

---

① 参见洪瑞:《余绍宋生平》,载政协龙游县委员会文史资料委员会编:《文史通讯》1985年第1辑,第30页。
② 参见中国人民政治协商会议广东省顺德县委员会文史资料研究组编:《顺德文史》1988年第15期,第47页。

图6-5 卢信著《不彻底之意义》

余绍宋被免职后南下定居,把精力放在了书画艺术和地方志编撰上,他的书画深受世人赏识,卖画所得已与张大千、吴湖帆比肩。其所编《书画书录解题》十卷、《中国画学源流之概观》《画法要录》均是书画研究绕不开的书籍,余绍宋所著《龙游县志》则被视为民国方志扛鼎之作,梁启超赞称"举凡旧志,皆不足与越园书较"。① 直至现今,余绍宋仍以方志学家、书画家、目录学家闻名,以至遮盖了他近二十年的法律教育与司法工作的经历。

---

① 参见余绍宋纂修:《龙游县志》,民国十四年铅印本,"序"。

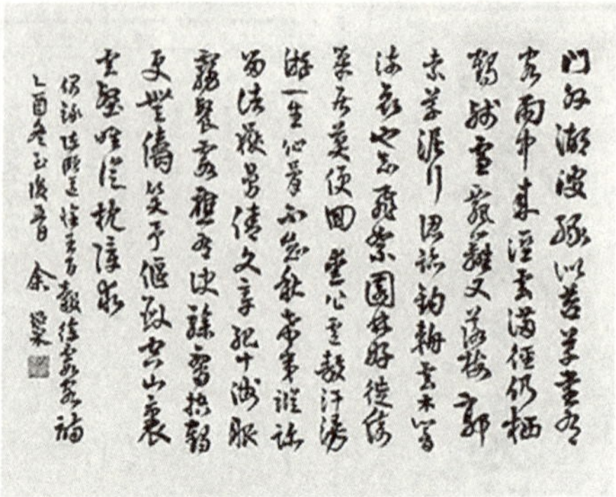

图 6-6 余绍宋书法

图 6-7 浙江省博物馆馆藏余绍宋所绘《邃谷茅亭图》

戴修瓒退出司法实务部门后一直从事法学研究和法学教育，并成为著述甚丰的法学大家。1941年，国民政府实行"部聘教授"制度。第一批部聘教授30人，法学界周鲠生、胡元义受聘，第二批部聘教授15人，戴修瓒为法学界唯一受聘者，1945年戴修瓒又获朱家骅与陈立夫联名推荐，为国民政府98名"最优秀教授党员"之一。若以现今的教授"级别"标准比附，则戴修瓒已是至高之阶。戴修瓒有多部重印、再版多次的法学著述留存至今。当代民法学权威王泽鉴先生在台湾学者邱聪智著作《新订债法各论》序中写道："关于债法总论的教科书，在大陆时期有陆瑾昆、戴修瓒诸氏的著作，阐释基本概念，建立理论体系，迄今仍具参考价值"。这一隔世评价，也不负戴修瓒"三一八"案后做出"今生今世不再任法官而立志著书立说"[①] 的抉择了。

图6-8 戴修瓒

---

① 赵树民：《一代法学师尊戴修瓒教授》，载中央大学南京校友会、中央大学校友文选编纂委员会编：《南雍骊珠 中央大学名师传略》，南京大学出版社2004年版，第145页。

政坛不倒翁 许世英

● "口述史不可尽信"

胡适曾劝林长民写回忆录,林答应后未及写作就去世,胡适甚感可惜,于是一直劝许世英抓紧撰写回忆录,以便后人更清楚地了解民初那段历史。许世英答应后,终于在88岁高龄时开始口述历史,由冷枫记录。在回忆录的前言里,许世英说:"当我决定写这本回忆录之时,真是又惭愧,又兴奋;惭愧的是我拖延了那么久,兴奋的是我毕竟在开始做了。我能够不辜负胡适之先生以及爱护我的朋友的期望,这是我在写本文时所能感到的最大的自慰。"他坦言:"我的回忆,当然是以我个人为主,因此,我无法做到没有主观的意见。但是有一点我可以特别强调的,我一定做到一个'真'字。我既不会夸大事实,也决不会掩饰事实,因为我觉得事情已经过去了,是是非非早已在人们的脑海中留下印象,我们既毋须再有保留,更不必再有所文饰。如果我的回忆录能有所取的话,那便是这个'真'字。"

可就是这个"真"字让推动这部回忆录面世的胡适感到十分失望。胡适重史料、擅考据,又是他劝说许世英撰写,自然对这部回忆录十分上心,回忆录从1961年开始在《人间世》月刊连载,胡适期期必看。不过一番追更下来,才看到第四期,胡适就查核了不少错误,发出了"口述史不可尽信"的感叹。

比如,许世英在回忆录中提到"我入刑部时(光绪二十四年四、五月),满籍尚书即是在我殿试收卷的老珣王,汉籍尚书为戴洪慈"。经胡适等人查证:光绪二十三年及二十四年初,刑部尚书满籍为刚毅,二十四年夏改崇礼。汉籍尚书为廖寿恒(接替薛允升),直到戊戌政变后刑部左侍郎赵舒翘始为尚书,廖寿恒则改礼部尚书。戴洪慈为戴鸿慈之笔误,从未担任过刑部尚书,光绪三十二年刑部改称为法部时,戴鸿慈为第一任法部尚书,已在许世英入刑部的八年后了。至于"老珣王",更是查无此人,清朝并未封此王。再如许世英提到，"那时（光绪二十四年春）刑部的大小事务，都由左侍郎（即现在的常务次长）沈家本主理"，但沈家本在光绪二十四年前未在刑部任职。

许世英还回忆自己参与汪精卫审判的细节，"当案子分发给我时，与案俱来的一道命令，要我为汪精卫加上脚镣手铐，但我拒绝了，我的理由是，汪精卫是个文弱书生，他绝对逃不了，况且那时的革命党人，都显示了不怕死的磊落精神，也决不愿做逃犯。我甚至大胆地承担了'如果汪精卫逃了由我许世英负责'的责任，决定不给汪精卫上镣铐。"而实际上，汪精卫案件并没有许世英参与，不知道这些很细节的回忆从何而来。

回忆录中还有很多关于赛金花的回忆、薛允升的回忆，都与史实不符。① 许世英原计划写成三部：清政府、北京政府和南京政府，但因为《人间世》的暂时停刊和"某要人劝阻不再继续"，这部回忆录就只到了清政府部分。

《许世英回忆录》之所以不准确，除因写作时已是 88 岁高龄之际外，不知道是不是和他常年服用安眠药有关系。据他自称不仅长期服用高效安眠药，而且需要同时服用几种药物才能入睡，普通人只要一次服他药量的二十分之一就会中

---

① 参见蔡登山：《口述历史不可尽信——从胡适给许世英的信说起》，载《新文学史料》2011 年第 3 期。

毒致死①，当时的刊物也有《许世英每夜吃安眠药》②《党国三要人：陈布雷、戴季陶、许世英向失眠重症搏斗》③的报道。许世英不仅常年服用，而且身体康健直至92岁才去世。胡适劝许世英写回忆录，是因为他常年活跃在政坛，是近代法政发展的亲历者。

图7-1 《许世英回忆录》封面

许世英，安徽东至县人，清末任职刑部，后任直隶主稿、奉天高等审判厅厅丞等职，1910年与徐谦一同赴欧美考察司法；北洋时期曾任大理院院长、司法总长、内务总长、

---

① 参见徐铸成：《旧闻杂忆》，生活·读书·新知三联书店2009年版，第270页。
② 参见羽羽：《许世英每夜吃安眠药》，载《东南风》1947年第42期。
③ 载《周播》1946年第17期。

交通总长、安徽省省长和内阁总理等职；国民政府时期任全国赈务委员会委员长、驻日大使、行政院政务委员兼蒙藏委员会委员长等职。他的一生历经清政府、北洋和国民政府，位居高官而口碑不差，堪称政坛不倒翁。

"政事文章俱不朽"

许世英身材矮小，看相的人曾说他是"五小之相"，但他自幼聪明，十二岁时进入望江县私塾受业，受教十二年，成为精通旧学的学者①，清末以举人出身，擅诗词，每经历重要历史事件，都有诗文留存，于右任称他是："江左数人豪，政事文章俱不朽"②。

宋教仁遇刺后，许世英为其题写挽联：

> 是豪杰下场，爱国舍身，名已千古；
> 这迷离公案，摘奸发伏，责在蔽躬。

公案之所以"迷离"，只因为此案是典型的政治案件而非单纯的司法案件。许世英时任司法总长，认为国民党在上

---

① 参见［美］包华德主编：《民国名人传记辞典》（第五分册），沈自敏译，瞿昭旗校，中华书局1980年版，第135页。
② 蒙智扉、黄太茂主编：《古今思乡名联（修订版）》，广西民族出版社2004年版，第174页。

海设立特别法庭审判的要求于法律、事实两面都有不妥之处,认定当地法院有权审理。① 他自己也卷在这迷离公案的漩涡之中,这副挽联未尝没有聊以自慰的意思。

"九一八"事变发生后,许世英作诗云:

> 白山黑水烽烟急,又报辽西失锦州。煮豆燃萁徒自伐,卧薪尝胆竟无谋。
>
> 三韩庐墓思箕子,东海风帆痛戚侯。岂止长城终不保,夷歌到处动悲愁。

1936年,许世英出任驻日大使,当时日本已侵占中国东北并蓄意扩大对华侵略战争,一日本人询问许世英:"中国唐诗有一名联,日本人只知上句,不知下句,请许大使惠示。"许世英云:"君试述上句。"那个日本人说出上句"千寻铁锁沉江底",这句诗出自唐代诗人刘禹锡《西塞山怀古》,下句原为"一片降幡出石头",国民政府首都南京古称石头城,此句有蓄意讽刺中国即将投降之意。许世英却以王维《和贾舍人早朝大明宫之作》中一句称:下句应该是"万国衣冠拜冕旒",寓意各国番臣朝拜天朝。且与前句对仗

---

① 参见夏新华:《中国法制史研讨教学案例》,湖南师范大学出版社2021年版,第190—191页。

工整，日本人无言以对。①

"卢沟桥事变"后，许世英再次返回日本任职，途经马关，作诗一首：

> 破浪乘风过马关，春帆楼外夕阳殷。天南遗恨今犹在，河北征师不可班。
>
> 烛使退秦纾郑难，曹生卫鲁却齐患。卢沟晓月终无恙，揽辔闲看海上山。

上海"一二八事变"时，许任国民政府赈灾委员会委员长，他题写挽联纪念十九路军抗击日军：

> 东望琉韩、南望台澎、北望旅大，铁血巩金瓯，九世复仇还国土；
>
> 一战盘泽、再战野村、三战植田，青山埋白骨，万家堕泪哭忠魂。

许世英好游记，他曾为庐山赋诗，其中"此是人间清净地"一语可谓庐山绝佳广告词：

> 平时爱著游山屐，今到匡庐第一回。削壁插天星汉落，飞泉震壑石门开。

---

① 参见余富英、冯本涛编：《一分钟中国楹联趣话》，安徽文艺出版社2005年版，第183—184页。

村过五柳怀松菊,寺访双林忆草莱。此是人间清净地,风高晶冷绝尘埃。

◉ 民族大义不含糊

《大公报》主编徐铸成在《旧闻杂忆续篇》里提到许世英,"综看他的一生,没做过好事,似乎也未做过大坏事,几十年不断做大官,而无赫赫之名。随潮起伏,而总不深陷旋涡,能临机自拔。可以说是一个老风派,一个典型的中国式的传统官僚主义人物。"① 许世英的确"没做过大坏事",但说他"没做过好事"似乎有些主观臆断了,以其担任民国第二任司法总长时制定的《司法计划书》而论,许世英对于近代中国的法律变革就有十分重要的贡献。

许世英的《司法计划书》是民国初年一份雄心勃勃的司法改革规划蓝图。1912年,许世英苦心筹划、多方问询,为民国司法建设制定出全面的司法改革规划,包括新式法院的设立、新式监狱的设立、新式法官的培养和任命、律师制度的推行等内容。民国的前三任司法总长都提出过系统性的司法改革计划,王宠惠提出五项措施,梁启超提出十项措施。

---

① 徐铸成:《旧闻杂忆续篇》,四川人民出版社1982年版,第124页。

相比起前任王宠惠和后任梁启超，许世英的这份计划，内容更加系统、措施更加具体、指标更加明确，而且提交给了第一次全国司法会议，以会议讨论的方式让国内法政同仁得以了解，是民国初期影响较大的司法改革规划，后续的一系列司法建设基本上都遵循这一蓝图进行。

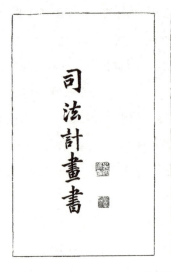

图 7-2　许世英撰《司法计划书》

不过，由于对改革难度估计不足，这份计划书的任务目标显得不切实际，许多指标到民国后期都未能完成。比如他计划五年完成全国 2000 多个新式法院的建设，实际上到 1949 年，各地的新式法院也不过建设 2/3 左右。许世英还提出了旧有司法人员一律不在新式法院任职的方案，按照他的预期，新式法科人才在数年内就能全面接手司法工作，而实际情况是旧体制人员一直充斥在基层司法体系，法科人员培养的数量和质量都无法及时满足司法改革的需要。而且新式司法制度所需要的人员远不止于法律专业，例如新的刑事诉讼制度需要新的司法鉴定人员，而直到1949年，四川都无法给每个县配备一名专业法医人员从事司法鉴定工作。

除了擘划中央司法改革，许世英还派出了学生出国留学，为法政领域培养人才，其中就包括后来著名的民法学家史尚宽。值得一提的是，许世英长期从事的赈务往往被人忽略，自他1930年任全国赈灾委员会委员长兼全国财政委员会主席后，便经常为赈事奔波，尤其1931年长江大水灾，破坏性极大，波及数千万人，许世英联合杜月笙组织赈灾义演募款赈灾。到1932年，许世英还组织了上海战区难民救济会，救济"一二八"事变中的难民。[1]

许世英一生简朴、政治生涯几无污点，在民族大义面前更不含糊。许世英担任驻日大使期间，南京陷落，王揖唐以同乡的身份两次派人至大使馆劝许世英到华北伪政权任职，

---

[1] 参见邵雍：《中国近代底层社会专题研究》，合肥工业大学出版社2019年版，第197页；[美]包华德主编：《民国名人传记辞典》（第五分册），沈自敏译，瞿昭旗校，中华书局1980年版，第138页。

均遭许严厉斥责。许世英说:"事至今日,唯战可以复仇,唯守可以制胜,决不事难而自取其辱。"他还让来人告诉王"读圣贤书,所为何事?宜明大义,速即回头!"① 晚年他给子女留下便条:"忠以报国,敬以治事,廉以律己,恕以待人。本兹四者,身体而力行之,至老不懈,庶几寡过。"②四条留言简单明了,但要做到,又何其难哉。

---

① 周明湘:《仁寿诊所始末记》,载政协东至县委员会文史委编:《东至文史资料》(第二辑),1989年,第27页。
② 许华:《对父亲的点滴回忆》,载安徽省政协文史资料委员会、东至县政协文史资料委员会编:《许世英》,中国文史出版社1989年版,第177页。

法律人生

众说纷纭的"她" 郑毓秀

◉ 第一女刺客？

郑毓秀是近代中国最知名的女性社会活动家之一,她在担任立法委员时曾参与起草了《中华民国民法典》。郑毓秀拥有众多"近代中国第一"的头衔,她是近代中国第一位女性法学博士、第一位地方法院女性院长、第一位女性律师、第一位法政学院女性院长。郑毓秀的一生极富传奇色彩,角色多变,故事迭出,但也因树大招风、争议不断,褒奖与荣誉包裹着她,质疑与批评也跟随着她。特别是各种史料的不同记载,也让许多想要认识她真实面目的人常常无所适从。

郑毓秀在坊间有一奇号,被称为民国"第一女刺客",这一称号成为她勠力革命、奋不顾身的金字招牌。但郑毓秀到底亲手刺杀了谁,却未见有力的史料能够详细地证明。目前关于她刺杀对象最常见的说法,一是良弼,二是陆征祥。

刺杀良弼的施行者为彭家珍,此一事实无可争议。冯自由的《革命逸史》中对此有详细记载。而在这一刺杀中,郑毓秀扮演了什么角色,倒少见记录。徐永昌的回忆录中对彭家珍刺杀良弼时的记录是:

> 李石曾等在北京运动革命,其策源地在东城渠家义兴居粮栈,其中有郑毓秀姊妹、彭家珍、段子均、王吉生等,袁项城公子袁克定亦出入其间……彭家珍自告奋勇,扮一候补官,身怀炸弹去见良弼,王吉生扮其跟班,手本递进,良不在家,正待上车回走,良之家人遥指说:"良大人回来了",及良抵门下车,彭即出炸弹毙良,彭亦同时殉难,王吉生立稍远,逸去。郑姊妹在寓闻炸弹声痛哭不已,盖彭与郑姊年相若,且订婚约故也。①

按照徐永昌的描述,郑毓秀是参与了刺杀的策划活动,但并未亲自实施行刺。徐永昌在回忆录中称赞郑毓秀"有血

---

① 徐永昌:《徐永昌回忆录》,团结出版社2014年版,第250页。

气、有意志,很天真,我很佩服她的见义勇为","当时汪精卫、黄复生谋炸摄政王所用炸弹,亦为郑自津携带入京者,郑亦言有一次将炸弹置放于火车座位下之暖气管旁,而气管忽漏,直向外冒气,她很担心车上技工来修气管,若胡乱一翻,则事败矣",并称"宜其人,宜其人"。①

可见,郑毓秀的主要活动是运送爆炸物和枪支。当时从外地携带枪支弹药进京是十分危险的,而郑毓秀利用女子身份,不易被人察觉,多次往来京津,运送爆炸物品,为革命党人行刺提供了武器。

奚楚明在《中国革命名人传》"郑毓秀传"中记载,郑毓秀1908年回国后与李石曾"组织京津同盟会,旋党人聚北京,谋举事,氏奔走策划不遗余力,曾亲冒万难,挟运炸弹"②。

这段描述与郑毓秀早年回忆录的记载是相符的。在这部名为《一个来自中国的女孩》(A Girl from China)的早年回忆录中,郑毓秀描述了自己在辛亥革命后由日本返国后的斗争:

后来武昌起义,各地也先后克复,我们在北京,却很

---

① 徐永昌:《徐永昌回忆录》,团结出版社2014年版,第250—251页。
② 奚楚明:《中国革命名人传》(第1集),近代中国史料丛刊三编第21辑,文海出版社,第40页。

希望满皇能见机自退,免得糜烂地方,可是他们依然把持皇位,……做好无可如何时,只有暴动的一途,什么运炸药啊,制造枪弹啊,我们都做过。我曾经躬蹈过非常危险的境地,后来还靠一位认识的西友保护,得到种种的便利。这样一趟两趟,从天津到北京,来来去去不知有多少趟。①

图 8-1 郑毓秀早年回忆录《A Girl from China》

运送炸药让郑毓秀在北京身居险境,所以很快再次赴日本避难。直至宋教仁被刺杀后,郑毓秀感觉需要与北京袁世凯政府"开战",所以再次不畏艰险,携带危险品从天津赶赴北京。在回忆录中,她详细记录了整个过程:

我被义愤所激,觉得再也不能有所待了。因此假装

---

① 彭忘芬:《郑毓秀女士自述》,载《生活》周刊1927年第11期,第122页。

> 一个村女,穿上农家女子的蓝布衫,将那炸弹一类的东西装在衣裤带里,直赶到北京来。好在这时我有一个女友,也是我们党里的同志,她的哥哥在陆军部供职,家在天津乡下,……我装着得像乡女一样,匿在他们里边,算是她的仆从。……火车到北京车站时,已有我的朋友的哥哥在那里等候,他替我雇了一辆洋车,我这时身上带着那些东西,心里终究放不下去,一切都觉得不自在起来,好像到处有人在注意我。我赶紧吩咐车夫拖到一家旅馆里去,那边是我们集会的秘密场所。……那边已有三位同志先在,我就把经过的情形告诉了他们,他们听了我的话非常动容。①

根据郑毓秀的描述,她将炸弹带到这个接头旅馆后,被不明人士追踪,于是逃到了东交民巷。在东交民巷的一个旅馆里,郑毓秀接到同党人士电话,告诫她局势紧张,许多暗探已经潜伏在使馆界附近,让她立即在旅馆的侧门口把爆炸物交给同志移走。郑毓秀回忆当时任务完成时的心情:

> 这时我对于保管那些东西的责任已卸,心胸倒觉泰然,把衣服整理了一回,走到餐室里去进晚膳。在那边

---

① 彭忘芬:《郑毓秀女士自述》,载《生活》周刊1927年第13期,第145—146页。

一面吃，一面和熟识的西人谈话，神情丝毫不乱，谁都看不出我一天内曾经过这许多事变，就是我自己亦几乎要不自信起来。①

这部郑毓秀的早年回忆录1926年在美国出版（Soumay Tcheng, A Girl from China, as told to Bessie Van Vorst, New York: Fred A. Stokes, 1926），后来由彭忘芬译为《郑毓秀女士自述》，1927年连续刊载在上海的《生活》周刊上。若据此回忆录判断，郑毓秀的主要工作是运送刺杀所用的炸药与枪支物品，但并未直接执行刺杀任务（根据唐冬眉所著《穿越世纪苍茫——郑毓秀传》一书的记载，1921年她在法国还有一部更早的法文回忆录出版，笔者未能进一步核实内容，不知此书是否就是英文自传的前身）。

如果郑毓秀直接执行了刺杀任务，以其张扬的个性，她理应会在自己早年的自传中大书特书，译者也会专章介绍这一事迹。因此大抵可以反证其无直接刺杀良弼之功。

"玫瑰与枪"

1943年，已是驻美大使魏道明夫人的郑毓秀在美国出版

---

① 彭忘芬：《郑毓秀女士自述》，载《生活》周刊1927年第14期，第157页。

了另一部回忆录,名为《我的革命年代——魏道明夫人自传》(Soumay Tcheng, Cheng Yu-hsiu, My Revolutionary Years: The Autobiography of Madame Wei Tao-Ming, New York: Scribner's, 1943),写作这部回忆录时,郑毓秀已是名满天下的民国新女性代表人物。前些年,这部回忆录被翻译为《玫瑰与枪》于 2013 年在台湾地区出版(赖婷婷译)。正如这部书的中译名,这部回忆录又引出了郑毓秀的另一段刺杀往事。

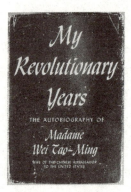

图 8-2 《My Revolutionary Years: The Autobiography of Madame Wei Tao-Ming》原版封面(吴景键博士提供)

据郑毓秀自己的描述,她在巴黎率众包围陆征祥,用枪成功阻吓后者签署《凡尔赛和约》。这个故事中最为传奇的部分,便是郑毓秀所用的那把手枪,据传是她临时折花园玫瑰诈作枪支的。这个"以玫瑰作枪"的桥段很符合传统中国侠客智勇双全的形象。在时人的记录中也可以找到这一记载,如周蜀云回忆自己旅法期间,从许多留法学生群中听到过郑毓秀,而其最为人称道的行为就是与留法学生一道阻止了中国代表团在《凡尔赛和约》上签字,周蜀云所记录这个片段是:

> 他们寻至首席代表陆征祥住处求见,相持至深夜,次日延见,争执良久……郑毓秀归国后,常保有长约尺余的一枯树枝在家中,不知者以为枯枝,实则此一自法携归之珍藏物,即郑博士当时在陆征祥寄寓园中截折的树枝作为必要时的武器,以其为正义之杖,故保存之以留纪念。①

图 8-3　郑毓秀签名(吴景键博士提供)

---

① 周蜀云:《中国第一位女博士的故事》,载《中外杂志》1976 年第 19 卷第 6 期,第 308—309 页。

不过事件观众人数虽多,但直接见证者的记录却难以寻觅。当时著名外交家顾维钧亦在巴黎,作为巴黎和会的直接参与者,他留下了大量的文字,其描述应该是最为客观和真实的。我们可以在他的回忆录中窥视这段史实。

在顾维钧的描述中,陆征祥并未被学生围困,当时陆征祥一直在住所休养并未外出,同行的外交官岳昭燏前来交换意见后离去,但岳"走后两三分钟又折回来,说在花园里受到了袭击,数百名中国学生和华侨商人将其围住,要求代表团不能签约,威胁要痛打代表团,人群中还有一名女学生甚至当真在她的大衣口袋内用手枪对准了他"。如果这段记录不假,则证明当时女学生的确有以枪威胁外交人员的行动,但远谈不上刺杀,更不是对陆征祥的刺杀。多年后,顾维钧再次碰到魏道明与郑毓秀,曾详细谈及此事:

> 几年之后,我在纽约常常见到魏道明夫妇。魏夫人名叫郑毓秀,西名苏梅,她曾参与过一九一九年六月二十七日圣·克卢德的那次聚众之事。距今四年前的一天,她缅怀往事,对周围的宾客们大谈我在危机之中是何等勇敢。我答称,对那次事件我了如指掌,我当时断定她那假冒手枪之物不过是藏于口袋之中的一段树枝而已。她笑道:"你猜得很对,可是岳先生当时真吓坏了。我那时站在一旁暗自好笑呢。"她又说,她认为我很勇

敢。我说:"我知道你并无手枪呀!"①

可见,郑毓秀自己也承认,当时吓坏了的是"岳先生"。所谓"以玫瑰作枪"这一行刺桥段,系坊间的浪漫演义,将威胁外交官岳昭燏夸张为刺杀陆征祥。所以,从郑毓秀的个性和事迹来看,其人在民初政坛的确是一号响当当的女中豪杰,但称之"第一女刺客"则多出自坊间的春秋笔法,有言过其实之处。

图8-4 陆征祥

第一女博士?

不仅如此,郑毓秀的"第一女博士"之名一直以来也有争议,胡适日记中有这样的记载:

> 郑毓秀考博士,亮畴(王宠惠字)与陈箓、赵颂南、夏奇峰诸人皆在捧场。她全不能答,每被问,但能说:从中国观点上看,可不是吗?后来在场的法国人皆匿笑逃出,中国人皆惭愧汗下。论文是亮畴做的,谢东

---

① 顾维钧:《顾维钧回忆录》(第一分册),中华书局2013年版,第208页。

发译成法文的。①

王宠惠与郑毓秀交好,两人还曾闹出绯闻,郑毓秀博士论文所写的比较宪法也正是王宠惠擅长的学术领域,胡适的记录后来也得到一些同辈人回忆录的佐证,所以郑毓秀博士论文系王宠惠代笔的可能性的确比较大。

郑毓秀的法律执业也不是没有非议。在卸任上海地方审判厅厅长之后,她自办律所,成为中国近代第一位女律师,但在光环之下,亦有指控她腐败不法的事实存在。监察院监察委员高友唐曾愤怒地弹劾郑毓秀,称其卸任后与上海特区法院院长杨肇熉"狼狈为奸、贪婪不法":

> 始则以白易黑,继竟无中生有。民事不能拘押则以假扣押恐吓之。刑事不问虚实,但有控告,则以拘押恐吓之,均为诈财或胁迫和解之工具,其所诈之财,闻已在数百万元。……法院一时有"博士电话到,推检吓一跳"之谣乃纪实也。数年以来,上海人民因受郑毓秀恶势力摧残倾家荡产者若而人、负屈自杀者若而人。社会之道德陵夷、法院之人格扫地,皆郑毓秀杨肇熉等所酿成。②

---

① 曹伯言整理:《胡适日记全编(5)》,安徽教育出版社2001年版,第809页。
② 《监委高友唐弹劾郑毓秀杨肇熉之原文》,载《法律评论》第484期,第41页。

弹劾案一出，舆论大哗，有大力抨击的，有揶揄讽刺的，还有好事者将郑毓秀涉案事件辑成"贪污史料"在报刊多期连载。一时间，郑毓秀几乎成为倚仗权势、贪污舞弊的代名词。而她采取的对策是出国躲避、拒不出庭，这恐怕多少有些心虚的成分。此案一再延期，最后竟不了了之。第一女院长和第一女律师竟成为拒不接受法庭审理的贪腐之人，于情于理都让郑毓秀声名大损，自此她逐渐淡出了法律界。

根据郑毓秀自己的描述，她从小就有反叛传统的意识，五岁反抗祖母拒绝缠足，十四岁退订婚东渡日本，经廖仲恺的介绍，加入了同盟会。十六岁，参加了敢死队。民国建立后，郑毓秀一直引领着国内的女权运动，她的爱情学识、从政事迹一直是社会大众和街边小报关注的焦点，虽然她的故事众说纷纭，但谁都不能否认郑毓秀敢爱敢恨、敢作敢言的新女性形象仍是民国女性法律人物中的代表。

三月司寇 林长民

⊛ 从校长到司法总长

林徽因是民国有名的才女,她的才情隽永着民国的温婉、她与梁思成等人的爱情故事缠绵着民国的浪漫、她的人生凝练着民国的苦闷辛酸。她的堂叔林觉民、林尹民则是在中国近代史上留下浓墨重彩的林氏兄弟。林觉民和林尹民先后捐躯革命,血泪染就杜鹃红。这些故事直到今日,仍是人们构建民国记忆的重要部分。不过,在林徽因的家族中,一个人的存在似乎并不太起眼,他就是林徽因的父亲林长民。与林氏兄弟不同,林长民主张社会改良,他与梁启超交好,又都是《国民公报》的主笔。他还曾担任过民国时期北京政府的司法总长，不过这一段往事，明珠久蒙尘，鲜有人知。

林长民，字宗孟，福建闽侯人。他早年留学日本，就读于早稻田大学政治系，因其口才和组织能力，在留学生中素有威望。1909年夏天回国后，林长民受任为福建官立法政学堂教务长。该学堂有针对外府县学生收受一百元纳捐的不平等陋习，林长民意欲将之革除，遂与监督郑友其交恶，后者将林长民诉至提学使，最终林长民被罢免。随后，林长民联合福建省咨议局副议长刘崇佑，召集同志，组织政治会，开设政法讲习科，讲授法学通论、宪法、行政法、刑法、民法、政治学、经济学、财政学等科目。1910年冬，林长民组织创办私立福建法政专门学校维持员会，被公选为校长，于是援案呈请提学使司转请学部立案。1911年初，"四十年间蔚成本省最高学府之一的私立福建法政专门学校，就这样创办成立了"①。

辛亥革命后，林长民作为福建代表参与临时约法的制定，并在其后被选为众议院议员，兼任秘书长。1913年，以梁启超为领袖的进步党成立，成为唯一可以和国民党抗衡的改良派政党。在进步党中，林长民自有其特殊的个人履历：

---

① 陈遵统等编：《福建编年史·下》，福建人民出版社2009年版，第1645—1646页。

进步党由民主党、共和党、统一党合并而成，林长民是共和党干事之一，其发起的共和建设讨论会以及作为主要成员的国民协会，又是民主党的前身（由此二会合并而来），因此，林长民在进步党中占据重要地位。① 袁世凯对梁启超和进步党十分看重，希望利用进步党实现个人独裁。林长民作为进步党的骨干成员，反对国民党的彻底革命，而主张与袁世凯保持一定程度的合作，并希望引导袁世凯和北洋政府走向宪政民主体制。一直到袁世凯称帝，林长民等改良派的幻想才最终破灭。1917年初张勋复辟，林长民站在段祺瑞一方支持讨逆，成为再造共和的功勋。1917年7月，林长民受命担任段祺瑞政府的司法总长，达到了他个人事业的巅峰。

林长民任司法总长面临的首要问题就是对张勋等复辟人员的处理。这些追随张勋复辟的人员里有一人叫张镇芳，是袁世凯的表弟，其背景深厚、人脉广袤，可称得上是"三朝元老"。此人晚清官至直隶总督，民国任河南总督，袁世凯称帝后又为之鞍前马后，及至张勋复辟，张镇芳又送去25万大洋，得以加官晋爵。② 复辟事败后，张镇芳发动家族关

---

① 参见梁敬錞：《林长民先生传》，载《传记文学》1965年第7卷第2期，第4页。
② 参见张晓川、范矿生：《政学之间——梁启超的多面人生》，东方出版社2011年版，第113页。

系，以重金和人情疏通司法总长林长民，希望林长民能够手下留情，但林长民不为所动，谢绝了张家10万元巨资，支持依法审判，最终大理院以内乱罪判处张镇芳无期徒刑。

民国政坛讲求同乡之间相互提携，所以当林长民就任司法总长的消息传到福建老家时，许多乡邻都跑去林长民处求一官半职，林长民"每向之力言官不可当，敦劝回家种田务农"。有确为法政科班出身且无法推脱者，林长民特别设立一个法律咨询机构勉强收留，而不予以实权，得以兼顾政务与人情，后来该机构中大多人员为其在福建所办私立法政学校的法科学生。

同年11月，段祺瑞下野，林长民与梁启超等人也随之退出内阁。因担任司法总长仅三个月，林长民常自嘲为"三月司寇"，并以此刻印纪念。

图9-1　"三月司寇"印（摘自《陈师曾印谱》）

● "无端与人共患难"

"一战"后,林长民作为北洋政府外交委员会的事务主任之一,为巴黎和会提供外交咨询。梁启超得知陆征祥准备签字同意将山东权益转让给日本后,紧急致电林长民等人告知情形:"对德国事,闻将以青岛直接交日本,因日使力争,结果英、法为所动;吾若认此,不啻加绳自缚,请警告政府及国民,严责各全权,万勿署名,以示决心。"[1] 林长民得悉此事,写出《外交警报敬告国民》一文,率先在国内报纸披露日本妄图侵占山东的企图,呼吁"国亡无日,愿合我四万万众誓死图之!"[2] 由此全民激愤,随之引发了"五四运动"。为此,驻京日使特地行文照会外交部,认为林长民有煽动学生运动的过错:"外交委员干事长林长民君,五月二日《晨报》、《国民公报》等,特揭署名之警告……似有故意煽动之嫌,此事与五月四日北京大学学生酿成纵火伤人暴动之事,皆本公使深以为遗憾者"[3]。林长民

---

[1] 马振犊、唐启华、蒋耘:《北京政府时期的政治与外交》,南京大学出版社2015年版,第145页。

[2] 林长民:《外交警报敬告国民》,载《晨报》1919年5月2日,转引自刘统:《火种》,上海人民出版社2020年版,第104页。

[3] 《请看日使质问之照会》,载《民国日报》1919年5月27日,转引自欧阳军喜:《林长民与五四运动——兼论五四运动的起源》,载《复旦学报(社会科学版)》2003年第6期,第108页。

因此被当局所警告，于是愤而辞职，被迫离开政坛，开始了在欧洲的游访。

林长民再次回归政坛已是数年之后。1921年10月，林长民回到上海，联合蔡元培、王宠惠等人向政府建议恢复国会，完成宪法，得到时任总统黎元洪采纳，并于1922年6月作为宪法起草委员会委员参与制宪工作，后被推举为生计章起草委员会委员长，几乎每次出席必有发言或提案，试图完成自己的制宪理想。这一想法早在他游访欧洲时就在酝酿，那时他担忧过激派主义（即社会主义）泛滥于中国，而在德国新宪法中找到了解决方案：将经济制度规定于宪法之中，即可消除过激思潮。因此，当会议讨论到生计制度时，林长民极力主张将劳工制度写入宪法以及预防过激的社会主义思潮，他认为19世纪宪法多保障作为有产阶级的资本家，这会在事实上造成不公，从而引起过激社会主义甚或社会革命，世界各国宪法因此难免受到冲击甚或动摇。既然已经有此问题，中国必须有所警惕。当时生计章草案已经三读通过只待公布，却因曹锟贿选而无奈搁置。① 后段祺瑞复出并设国宪起草委员会，林长民被推举为委员长，他主持召开了四十多次会议，仍旧试图草拟一部体现自己民生思想的宪法。

---

① 参见梁敬錞：《林长民先生传》，载《传记文学》1965年第7卷第2期，第7页。

在此期间，林长民还编了一本《草宪便览》，他提到国中政变不断，制宪事业屡受挫折，自己因为多次参与制宪事宜的缘故，搜集了南北所拟的各种宪法史材，因此作《草宪便览》一书，汇集了民初以来宪法相关大纲、草案、说明书、会议经过等资料，《草宪便览》的附录中详细罗列了民初以来宪法草案条文比较、参与草拟宪法的人员名单，是研究我国宪法史的重要史料。

图9-2　林长民著《草宪便览》

但正如此前制宪工作无奈中断一般，这一次宪法草案还未起草完毕，冯玉祥与段祺瑞的争斗又使北洋政权发生动荡。林长民为避乱而接受素不相识的郭松龄邀约，赴奉天相助，被郭内定为事成之后的东三省总理兼奉天省长，然而东北情势逐渐向张作霖有利的方向发展。林长民未能及时从这股斗争漩涡中脱身，在一次与郭松龄同行时，遭流弹击中，不幸身亡。

对林长民出关依附郭松龄以致身死的这段经历,众说纷纭。林长民的塾师林白水为之痛惜不已,评价为"卿本佳人,奈何作贼";好友梁启超谈到林长民出京后,"第三日才有人传一句口信给我,说他此行是以进为退,请我放心",谁知等来好友身殒的噩耗;而亲自为林长民出京之旅送行的梁敬錞则表示,林长民离开时自称无意奉天,只是想安稳出京,与郭松龄见面后即前往营口,然后返回天津。若真如此,传闻兵事失利时林长民所言"无端与人共患难"之语就非空穴来风,后来章士钊为之作挽联一副,化用此语道:

> 处世惟不说假话最难,刻意存真,吾党之中君第一;
>
> 从政以自殉其身为了,无端共难,人生到此道宁论。①

"人间永不能读的逸书"

林长民瘦骨削面,美髯飘逸,双目有神,文章与书法俱佳,被康有为称为福建仅有的两位书法家之一。他亲历北洋

---

① 陈新华:《林徽因》,河北教育出版社2003年版,第37—38页。

政府多次政变，胡适劝其写回忆录以供后世参详史实，林长民回答年满五十即可作传，却不承想四十九岁时遇难。胡适感叹道，"他那富于浪漫意味的一生就成了一部人间永不能读的逸书了！"①

林长民一生投身政坛，总想着实现自己的政治抱负，但宪政理想不敌政治现实，在民国初年纷繁复杂的政局中，林长民所能到达的最高公职也无非是仅任职三月的司法总长而已。有志不能报国，所学不能致用，却痴心不悔，克难前行，大概也算是一位具有文人情怀的法政人的自我救赎吧。好友和亲家梁启超所题写的挽联颇为精妙地概括了林长民的一生：

> 天所废，孰能兴，十年补苴艰难，直愚公移山已；
> 均是死，容何择，一朝感激义气，竟舍身饲虎之。②

---

① 胡适：《胡适四十自述》，吉林出版集团股份有限公司2017年版，第3页。
② 陈新华：《林徽因》，河北教育出版社2003年版，第39页。

率直出肺腑　罗文干

◉ 不说英语不穿西服

近代很多法律人,如王宠惠、傅秉常,都从事过外交事务。在此之中,有两位部长颇具特色:一位是只说英文的陈友仁,他出生在加勒比海,从小受英国教育,在海外当过律师,且一生不穿中装,不讲国语,活脱脱一个长着中国脸的外国人;另一位是英国牛津大学的法学博士罗文干,他除了正式的外交场合,绝不说英语,而且不穿西装,平时的打扮是头戴瓜皮帽,缚带绑腿,拖着布鞋,身上则是遍布油渍的大绸袍。遇到外宾到来,他就把一套崭新的蓝袍黑褂穿上,等接待仪式结束，又换回油渍的长袍。有人在报纸上调侃他，说如果让他在话剧中扮演旧时的土豪完全不用化妆。

罗文干，字钧任，广东番禺人，他不仅喜欢中式服装，也喜欢中国美食。他根据自己周游多国的经验，得出"一国的菜品好坏与该国历史的长短成正比"的结论，他认为历史长的国家才会有好的菜肴，因为一国的饮食"也是先民经验的累积，经过不断改良才慢慢地进步的"①。罗文干不仅对吃讲究，喝酒也堪称海量，每逢宴会往往喝尽啤酒十多瓶，有"啤酒公司"的雅号。② 但常在河边走，哪有不湿鞋，在广州举行的一次宴会上，以擅饮出名的罗文干、杨熙绩与后来的四川大学校长黄季陆展开喝酒比赛，不到宴席结束，罗杨二位便已烂醉如泥，黄季陆一战成名，赢得"酒霸"名号。对此，他谦虚地解释道："罗文干、杨熙绩两位先生……此时已上了年纪，我则仍是壮年。"③

民国初年，西风盛行，国会甚至确定西方的燕尾服作为中国正式场合的礼服，罗文干大不以为然，认为此举是"不问吾国之丝绸，不审中国外国居处之不同，不知欧亚气候之

---

① 简史：《土豪姿态刚强性格：诗酒风雅罗文干寂寞死去》，载《飘》1946年第8期，第3页。
② 参见《罗文干的风趣》，载《玄妙观》1938年创刊号，第4页。
③ 黄季陆：《酒杯边的琐忆：兼记梅贻琦先生饮酒的风度》，载《传记文学》1965年第7卷第4期，第35—36页。

各异,不察硬领高帽之苦痛"①。从衣服的问题发散开去,他在《国闻周报》和《晨报》上发表文章,一一罗列当时中国采外国制度的许多问题,他说外国制度虽好,但不能盲目抄袭,全不问外国制度实施的历史沿革和社会条件。他举例说,科举制本来是官员选拔很好的制度,大家公平竞争,有智力和能力者能通过考试做官,现在学习西方,贸然废除科举,改成了西方式的选举,"选民既不知选权为何物,防弊之法,又不如外国之严",许多没有能力的地方恶绅通过操纵选举当上了大官,造成民初官场的乱象。他说,"夫外国制度,其关乎政治法律经济社会者,莫不循渐以进出于自然","制度之设立变迁,应以制度就人,不应以人就制度也"。②

蓝袍黑褂非守旧

尽管如此,顶着牛津大学法学博士的头衔,会英语、德语和拉丁文的罗文干却也当然不是一个守旧的人,事实上,

---

① 罗文干:《外国制度与中国》,载《晨报副刊》1924年10月23日,第1页。

② 罗文干:《外国制度与中国》,载《晨报副刊》1924年10月23日,第2页。

他是一个"学贯中西"的人物。① 罗文干家境优渥,很早就同时接触外语与国学,"从小在安南学了法文,父亲又给他请了有名的广东老翰林教授国学,所以他的中西文都有修养",后来赴英国留学专攻法学,在牛津大学荣誉班修习德文、拉丁文、罗马法及法制史,对西法十分了解。②

在法律继受的问题上,他主张学习西洋法学家对待古希腊罗马法律的态度和方法:先是"注疏"解释,继而以"理性的研究"分析其合理与否,再以"历史的寻源"判断其是否符合本国情,最后以"进化的探讨"以求其如何适合现状。③ 这证明罗文干反对的只是盲从西方,而赞赏以理性客观的态度吸收西方法学的合理成分。

在官场上,罗文干更不是守旧官僚,而是充满对法治和宪政理想的坚持。梁启超在担任北京政府司法总长时,聘任知名法学家担任法律编查会编查员,负责中国传统法律典章的改良,罗文干位列第一,排名在姚震、江庸、程树德、伍朝枢等人之前。1915年,袁世凯授意筹安会鼓吹帝制,舆论为之哗然。其时有两篇呈文弹劾筹安会祸国乱民,一是贺振

---

① 参见禅心初:《北洋觉梦录(直系军阀卷)》,广西师范大学出版社2022年版,第138页。
② 参见陆曼炎编:《当代人物特写》,拔提书局1947年版,第91页。
③ 参见罗文干:《东西文化问题》,载《民族文化》1941年第2期,第48页。

雄上肃政厅转呈袁世凯,一是李彬上检察厅转呈袁世凯。呈文送上后,寥无回音,唯独时任北京政府总检察厅检察长的罗文干坚决拥护共和,反对帝制,希望将呈文送交司法总长章宗祥批阅,并要求对拥袁复辟的筹安会进行弹劾,结果遭到打压,愤而辞职。①

"绝不依傍他人门户"

罗文干曾受聘于北京大学法律系,他和同在北大的胡适、王宠惠、蔡元培等人过从甚密。几个好朋友时常在一起讨论时局,还联合十余名学者发布了引起很大反响的《我们的政治主张》,一起呼吁"好人们"不要洁身自好,要积极从政,改造社会。不久,王宠惠组阁,罗文干出任财政部部长。当时社会对他们期待很高,称之为"好人政府"。可惜在乱世中,好人斗不过枭雄,罗文干心高气盛,不愿与政敌妥协,被人抓住小辫子不放,导致好人政府仅七十余天就被迫解散,自己也锒铛入狱数月之久。王宠惠和蔡元培四处展开营救,罗文干自己倒认为清者自清,不以为意。当时,张君劢去狱中探望他,翌日寄赠来自己的宪法新著《国宪议》

---

① 参见吕安世:《白话二十四史(下)》,张宏儒主编,团结出版社2021年版,第1288页。

一书，罗文干便在狱中品读。没几日，罗文干被宣告无罪，出狱尚未读完，又被众议院要求查办，竟至于再度入狱。罗文干自称"寂然苦坐，日执君劢书自遣，阅读数遍。予见与君劢略有相同异者，执笔书之"①，他就在没有参考书，没有朋友讨论的情况下，利用在监狱里的时间写成厚厚的一本《狱中人语》，洋洋洒洒地与张君劢讨论宪法问题。

图 10-1　张君劢

图 10-2　罗文干著《狱中人语》

---

① 罗文干：《狱中人语》，民国大学出版部 1925 年版，第 1 页。

二十世纪三十年代初，罗文干出任民国政府司法行政部部长，并兼任外交部部长，他进入院部大楼时常常一步跨两级台阶，别人好奇地问他，他说："我身兼两部长，当然要两级一跨。"① 在罗文干担任外交部部长的时期内，中国在对日战场上节节败退，先后签订了《淞沪停战协定》和《塘沽停战协定》，作为外交部部长的罗文干不堪受辱，先后辞去了外交部部长和司法行政部部长的职务。当时外交部部长每个月有三万元的特别办公费，无需报销，可直接支取，这笔费用一直被当作部长的福利，但罗文干却严守法度，卸任时，竟将数年节余的特别办公费九十余万元如数交还国库，为历任部长未有之举。② 不仅如此，此前罗文干充任参政员时，蒋介石亦曾令会计方面优待包括罗文干在内的几位资深参政员，在开会时额外发放川资若干，罗文干却也分文不取。这样的事例颇多，可见其人的廉洁品行是自始至终的，甚至有人说他家庭虽然富有，却被他做官做穷了。③ 也难怪后来梁实秋谈及胡适任驻美大使时有特支费不需报销，

---

① 简史：《土豪姿态刚强性格：诗酒风雅罗文干寂寞死去》，载《飘》1946年第8期，第3页。
② 参见喻血轮：《绮情楼杂记：一位辛亥报人的民国记忆》，眉睫整理，中国长安出版社2011年版，第195页。
③ 参见刘师舜：《关于罗文干的二三事》，载《传记文学》1969年第14卷第5期，第39—40页。

但未曾动用分毫,最后尽缴国库的举动,也联想到了罗文干的事迹:"外交圈内,以我所知,仅以前之罗文干部长有此高风亮节。"①

辞职后,罗文干回到西南联大任教,为学生讲授中国法制史。当时西南联大的学生有"跑茶馆"之谓,这茶馆坐落在终日马群喧嚣、马粪高扬的风翥街,环境十分艰苦,联大师生苦中作乐,常常在此三五成群,读书切磋,有人后来回忆:"记得罗文干先生常常和法律系的同学到茶馆讲罗马法,有谁晓得他是一位曾仆仆风尘的知名人物呢!"② 在联大教授法制史期间,罗文干对当时的教材不甚满意,认为对中国法律史应当有更系统和完整的中国式解读,于是计划重新编写一部中国法制史,可惜天妒英才,未及完成就病逝于粤北。当时许多报纸登文报道,有中规中矩写上"罗文干逝世"的,有标题党写"罗文干嗜酒丧生"的(此文却只大谈特谈罗文干从前被陷害贪污之名,是因其办公喝酒误事,并非说因嗜酒而丧生),也有报纸形容他是"土豪姿态、刚

---

① 梁实秋:《梁实秋散文集》(第2卷),时代文艺出版社2015年版,第238页。
② 沈石:《西南联大群像》,载傅宏星编:《民国碎影中的吴宓教授》,太白文艺出版社2022年版,第165页。

强性格、寂寞死去"①,倒是十分贴切。这些报刊乐于描绘罗文干嗜酒、穿蓝袍黑褂等怪癖,倒未必全是为了博人眼球,而是比起罗文干的政治生涯,他为人的风骨与气度更让人记忆。马叙伦直言不讳地赞赏罗文干的率直,称其骨气远胜王宠惠:"钧任平日喜语,语不避人,然率直出肺腑","钧任与亮畴同乡同学,同得时誉,然亮畴之骨气远逊钧任也"②,后世论者也感叹道:"近人具有此风度者……如罗文干,他们的顽固、狂放、一种傲然之气,都有他们自我的见解,绝不依傍他人门户。"③

---

① 简史:《土豪姿态刚强性格:诗酒风雅罗文干寂寞死去》,载《飘》1946年第8期,第3页。
② 马叙伦:《石屋余沈》,建文书店1948年版,第55—56页。
③ 周劭:《论风度与人情》,载张杰编:《卧听松风》,天津人民出版社2012年版,第59页。

图 10-3　国立西南联大校门

秦人风骨 焦易堂

● 修订通奸法律条文

焦易堂,原名希孟,字易堂,后以字行。焦易堂出生于陕西武功河道村,早年加入同盟会,投身革命,当选第一届参议院议员。袁世凯曾以六万金贿赂,遭焦易堂拒绝。随后袁世凯毁约法,并抓捕多名国民党议员,焦易堂打扮成商人逃脱,跟随孙中山并致力于华北的革命宣传。后来曹锟贿选,担心焦易堂等人反对,派人以十万金为条件请焦易堂出国考察,焦易堂驳斥,"焦某岂阿堵物能动者"。国民党北伐时,焦易堂任革命军宣慰使,在陕西和河南境内对北方军队进行宣传策反，联络樊钟秀、冯玉祥等人应援革命军。国民政府成立后，他历任一至四届立法院立法委员，兼任法制委员会委员长。

因为长期担任立法院法制委员会委员长，所以民国各项法制的草创，焦易堂多事必躬亲，颇具好评，但有一次因为文字的疏忽，造成不小的社会争议。1922年10月31日，立法院通过的《刑法草案》第239条规定："有夫之妇与人通奸者，处一年以下有期徒刑，其相奸者亦同。"1928年，此条文一经公布，全国各大妇女权益团体纷纷指责立法院歧视女性，不尊重男女平等。对妇女团体的意见，法学界人士大多反对，王宠惠认为刑法应尊重现实，当时有三成男性纳妾，如果将犯罪主体扩及有妇之夫，则这些男士均可能成为犯罪主体，法不责众，该刑法将无法施行。傅秉常则认为因为相奸者同罪，则有妇之夫嫖娼会使娼妓入罪，对弱者不利。

当妇女界代表找到焦易堂时，焦易堂满脸惊讶，并未觉得该条文何处不符合男女平等原则，他认为既然条文规定了通奸行为的男女双方都遭到处罚，不就正好体现了男女平等原则么。妇女代表反复解释，该条文的关键是只处罚有夫之妇，而将有妇之夫排除在了通奸之外。焦易堂这才明白过来这个习惯表述带来的法律漏洞，于是不顾一些法学家的反对，主导立法院按照妇女界的意见进行了修订，将通奸罪的主体修改为"有配偶与人通奸者",该条文修改成为民国女权运动的标志性事件。①

保卫中医

法制未及推进,日寇便大举侵华。焦易堂不仅在立法院继续从事法律制定方面的工作,还以党国要员身份坚决抗日。面对国土沦丧,焦易堂忧心忡忡,他在一次立法院"总理纪念周"的演讲上呼吁,抗日战争不能只讲"抵抗、抵抗",而要讲收复失地。因为抵抗是被动的,"人家打到辽宁,我们在黑龙江抵抗,人家打到热河,我们在河北抵抗。假如人家今后打到河北,我们岂不是要到河南抵抗?要把抗战的口号改为收复失地,中国的战争斗志才会提起来,民族才有希望。"

焦易堂把抗战不利归因于中国人文化自信的丧失。他曾在广东教育学会上发言,"自新文化运动以来,学生们不喜欢看中国历史,喜欢西洋史,不喜欢文言文,喜欢不用,甚至不讲中国话,只讲英国话,这是崇拜洋人的结果,由崇拜再进一步便是怕外人了,所以庚子以前,中国的民族思想很

---

① 参见《焦易堂谈男女通奸刑律平等》,载《申报》1934年11月18日,第7版。

发达，对于外来的压力，很能反抗，庚子以后，我们便崇拜洋人，惧怕洋人了"。其实，焦易堂的思想底色中有极传统的一面，在最高法院孔子诞辰纪念会上，他发表演讲大谈孔子的思想学说对中华民族的重要作用："孔子是吾民族万世师表，我们想做成一件顶天立地的事情，都非遵从他的学说不可。"在焦易堂看来，孔子的学说和思想对中国的社会、政治影响甚大，现在移植的西方制度如家庭制度等，其实有悖国情，不合中道，因此他推崇孙中山结合孔学和西洋法则发展出三民主义的做法，提倡现在纪念孔子，更需要在政治制度和法律上着力。但毋庸讳言的是，他激烈批评西方家庭制度，认为现在学来的夫妻财产制不如从前的混合财产制，认为不应该完全剥夺家长的惩戒权等意见，又似有些言过其实了。①

焦易堂这一看重传统的态度尤其体现在他对中医的执着保护上。当时国人对西洋的崇拜表现在医学方面便是一面倒地否定中医，早在1912年，北洋政府即以难以兼采中西医为理由，在颁布的学制和各类学校条例，如1912年《医学专门学校规程》、1913年《大学规程》中，提倡西医而故意不论及中医，即所谓的"漏列中医"，1914年时任

---

① 参见焦易堂：《孔子学说与吾民族发展之关系》，载《中央周报》1935年第379期，第28—29页。

教育总长的汪大燮更是直接表示:"余决意今后废去中医,不用中药。"幸而政府未予接纳。国民政府时期,如余云岫《废止旧医以扫除医药卫生之障碍案》等意在废止中医的提案亦曾多次提出,甚至形成《规定旧医登记案原则》,只待正式执行,事态已经发展到必须由法律来解决文化问题的地步。①

1930年5月7日,焦易堂、陈立夫、谭延闿等七人所提议的《设立国医馆提案》在中央政治会议上通过。次年3月17日,中央国医馆于南京成立,焦易堂任馆长。按照《设立国医馆提案》的说法,国医馆的工作是"以科学的方法整理中医学术及中药之研究",实质上是一个半学术半行政机构。为争取国医馆对中医中药的管理权,焦易堂、居正、石瑛等29人于1933年6月向政府提出《制定国医条例,责成中央国医馆管理国医,以资整理而利民生案》,并附《国医条例草案》,后者更名为《中医条例》通过,并几经周折,最终于1936年1月22日公布。《中医条例》从提出到通过,再到公布,焦易堂出力尤多,他撰写《中医条例公布感言》一文,称"兹事于民族前途,所关匪细,

---

① 参见邢玉瑞:《中医学的科学文化研究》,中国中医药出版社2021年版,第291—292页。

抚今追昔，感切于衷"①。之后，他也没有停下扶助中医的脚步，又提出《中医教学规程编入教育学制系统以便兴办学校而符法令案》等，要求教育部将中医纳入教育体制、设立中医学校，在卫生系统中西医并用，中央财政对中医倾斜，继续为中医事业奔走呼号。焦易堂以对中国文化和中华医学几近痴迷的精神，致力于中医的保存和复兴。中医在推崇科学精神的近代风潮中得以保存，焦易堂功不可没。

"唯此一片愚忠耳"

1935年焦易堂受命担任最高法院院长。此时，淞沪会战失利，国民政府迁都重庆，最高法院的人员和物品随船先到武汉。当时武汉正受日机轰炸，人心惶惶，部下劝焦先去重庆，法院卷宗等物品随后以另船赴渝，焦易堂说，"法院之有卷宗，犹部队之有士兵，部队无士兵，不能作战，法院无卷宗，何以理案"。他认为卷宗关系人民权益甚大，事关最高法院院长职责，执意不走，一直等到法院的所有卷宗都搬运上轮船，才离开武汉。

---

① 焦易堂：《中医条例公布感言》，载《医界春秋》1936年第110期，第1—2页。

最高法院迁到重庆后，为了便利上海周边的法律审理，设立了上海分庭。当时风传日本与汪伪政权将武力接收法庭，庭长翁敬棠于是准备遣散人员。焦易堂得知后，电令众人谨守岗位，维系法统，不得自行解散。在焦易堂的坚持下，国民政府最高法院上海分庭在敌伪的监视下，一直坚持到珍珠港事件才迁至福州。

日军轰炸重庆期间，焦易堂经常组织法院部属至防空洞躲避，每次警报拉响后，他都亲自维持秩序，等待部下全部进入防空洞后自己再尾随而入。一次空袭中，焦易堂照常于最后进入防空洞，就在其进入的那一瞬间，一枚流弹落下，在他附近的石壁处轰然炸开，惊险异常。

1940年9月13日《大公报》（香港版）发布《最高法院院长焦易堂辞职》的消息，称最高法院院长职务此后由民事第一庭庭长李菱代理。实际上，这一职务交接背后却有一个丑闻。可以参考《大公报》（重庆版）在10天前也就是9月3日发布的消息，即《法界之讼：焦易堂氏被控》，其中提到："最高法院院长焦易堂氏月前因故怒打该院某书记官三十。被打者以法律最高机关竟用肉刑，已向重庆地方法院提出控诉。"据说，后来最高法院院内职员还绘声绘色地描述此事：审理时，"焦院长坐堂，原告跪下喊冤，被告下意识地也跪下。审讯后，智囊一人站立桌边朗诵判词：'根据刑法某条,本应处徒刑,姑念初犯,折合打屁股三十板。'"甚至第二天有打油诗称:"法院衙门大打开,牛头马面两边排,院座尊严齐下跪,朗读刑名有幕才。"① 此事闹大后,蒋介石大为不满,在和居正的通信中说:"法院讼案,甚觉失态。易堂平时行动态度,本不能任高等法官。此实本党无人,滥竽充数之象,殊为可耻。"居正也因此写诗调侃:"肉刑废用自由刑,最是高衙应守经。老好武功权任性,一朝失检触雷霆。"②

淮海战役后,焦易堂随国民党迁到上海,他认为东南无险可守,主张确保西北、屏障西南,于是自行回到陕西、呼吁备战,西安解放后又逃到皋兰,宝鸡解放后,又撤到西宁。兰州解放后,他又乘坐大卡车从张掖颠簸辗转到酒泉,赶上飞机飞到成都,很快四川省解放,他又随后侧军队逃到海南,环绕了大半个中国。在海南他碰到陆匡文,两人感怀国民党大厦将倾,抱头痛哭。于右任说他是"万里奔驰,只余涕泪"。焦易堂逃回台湾,积劳成疾,在病中虽然安慰家人,称"我死在台湾,极甘心,望努力",但内心深处无时

---

① 吕子炎:《焦易堂的法院板子》,载贵州省文史研究馆编:《黔故谈荟》,上海书店出版社1993年版,第191页。
② 转引自叶永坚:《民国时期罢免最高法院院长焦易堂案考》,载《武汉文史资料》2015年第4期,第36—38页。

无刻不忘收复大陆,他在遗嘱中告诫子女,"他日北定中原,家祭勿忘相告"。

对国民党的腐败,焦易堂痛心疾首,对国民党前途的黯淡,他也心知肚明,但他从反清、反袁、北伐、建国、抗日到反共迁台,一直忠实地执行国民党的政策,可谓尽心竭力。晚年他在夫人面前哀叹自己的生平,坦言"生为国民党人,所持以报党国者,唯此一片愚忠耳"①。元好问有言,"关中风土完厚,人质直而尚义,风声习气,歌谣慷慨,且有秦汉之旧",顾亭林也谓"秦人慕经学,重处士,持清议,实他邦所少"。这一"陕西精神"或可诠释焦易堂对于中华民族和中国文化的痴爱和对国民党的"愚忠"吧。

---

① 李振民、张守宪主编、陕西省中共党史人物研究会编:《陕西近现代名人录(续集)》,西北大学出版社1991年版,第329页。

图 11-1 焦易堂遗像

戏剧人生观　陈顾远

● 穷小子与小官僚

陈顾远,字晴皋,陕西三原县人。陈顾远成名很早,还在北京大学读本科的时候,他就写成了《孟子政治哲学》《墨子政治哲学》《地方自治通论》三本大部头的学术专著,负责印制出版的泰东书局没想到作者只是一名大学生,就想当然地在封面上为其署名为"北大教授陈顾远",害得陈顾远赶紧在《北京大学日刊》上刊登紧要启事,说明自己还是一个大三的学生,出版社未经查实,自己并没有冒称教授的意思。这件事是陈顾远学生时代即笔耕不辍的缩影,但他之所以如此刻苦，除了有热情写、有能力写的原因，恐怕还有一个不得不为之的理由：通过写文章补贴生活。

陈顾远家境贫寒，在北大读书期间就受过同乡于右任的资助。翻看1919年与1920年的《北京大学日刊》，陈顾远就至少三次因为"请补津贴"而上报。因此，部分为了补贴生活，陈顾远一边读书，一边写文章，以笔者目力所及，仅1920年一年，他就至少在《北京大学日刊》《秦钟》《新陇》《民国日报·批评》《评论之评论》（上海1920）、《家庭研究》等刊物上发表了近30篇文章，其中《秦钟》系由旅京陕籍学生创办，陈顾远在其中担任编辑，此刊发行了六期，陈顾远便写了六篇文章。这些报刊多创办在北京，或许为了投稿的缘故，陈顾远对北京报纸颇有研究，曾对北京的小新闻报侃侃而谈，如数家珍，这篇《北京城里的小新闻报》后来还被收入了《新闻学论文集》。①

当然，仅凭写文章不足以致富，临近毕业时，陈顾远差点因为没钱而只能留在陕西中学教书：当时陈顾远要从家乡回北大参加考试，坐骡车也得上百元，他东拼西凑只有45块钱，买了公债票，并托于右任给蔡元培写信，看能否找到工作或半工半读，最后向北大"成美学会"借取了100块

---

① 参见陈顾远：《北京城里的小新闻报》，载黄天鹏编：《新闻学论文集》，光华书局1930年版，第249—262页。

钱。据他自己回忆，这100块钱他从民国八年用到第二年9月，等他考上普通文官，每月能得大洋30块，才终于能应付生活。也因为这个缘故，有同学戏称他为"小官僚"。①

"看家本领就是教书写稿"

想必正是青年时代的困窘经历给陈顾远留下了极深刻的印象，成为教授后，他对学生并不只空谈学术，而同时关心他们的生计出路与立身处世。1934年，陈顾远发文讨论大学生毕业的职业选择，说毕业之后，有钱的可以去外国留学，有亲旧关系的可以凭人脉扶摇而上，其他人挤来挤去，能挤出头的也不过是少数幸运儿，呼吁大家关心"大学毕业生的出路问题"②；1947年他给学生们演讲时，谈到立身处世，告诫学生要不怕穷，也不装穷，不无自嘲意味地开玩笑道："生平与'穷'字最有缘，与贫困相搏斗者凡五十二年。"③北大毕业之后，陈顾远留校担任助教，并在多所大学兼职授

---

① 参见陈顾远：《蔡校长对北大的改革与影响》，载中国蔡元培研究会编：《蔡元培纪念集》，浙江教育出版社1998年版，第222—223页。
② 陈顾远：《大学毕业生的出路问题》，载《安徽大学旅京同学会会刊》1934年创刊号，第19页。
③ 陈顾远：《信仰·治学·处世·立身：于八月四日庆祝会致词》，载《中央周刊》1947年第9卷第35/36期，第25页。

课,按他自己的说法,他的"看家本领就是教书写稿"。据他的学生徐世荣回忆,陈顾远最常见的打扮就是一只黑色公文包,一把雨伞和一双皮鞋,所以无论刮风下雨,都准时到校上课。陈顾远长期担任立法院立法委员,并在多所大学教授法律,长达五十多年,"出于门下者最保守之计算或不下于三万人"。根据其弟子潘维和教授的统计,陈顾远先后出版了宪法、国际私法、土地法、法制史、民法等领域相关著作三十余部,尤其是他对中国法制史的研究,堪称当世最高水准。其所著《中国法制史》一书经日本学者西冈弘翻译后在东京岩波书店出版,"开日本人翻译中国学人著作之创例",直至现在,该书仍是中国法律史研究的经典著作之一。

图12-1 陈顾远著《中国法制史》

陈顾远虽然一生笔耕不辍，学术产出量惊人，但为人并不古板，生活颇有意思。抗战期间，复旦、朝阳等校迁址重庆，陈顾远在重庆授课，上课以学生姓名为谜底让学生猜谜，问"三顾茅庐"为谁，答曰"刘怀亮"，又问"秦始皇求长生"，答曰"徐福海"，再问"勿忘国耻"，无人回答，他缓缓说道，"钟长鸣"。① 陈顾远闲时喜欢玩牌，于是常与曾任西南联大法律系教授会主席的戴修瓒等五人在重庆乡间打麻将，多出一人轮流休息。陈顾远边打牌边抽烟，神情专注，他是高度近视，加之乡间油灯昏暗，没有注意到戴修瓒侧脸趴在桌角，频频将烟灰弹在戴的脸上，戴熟睡不知，直至一支香烟将尽，陈顾远将未吸完的烟头，横置戴的唇鼻之间，戴修瓒被余热灼痛，大呼而起。陈顾远见戴修瓒满面烟灰，才醒悟过来，抱歉道，我没看清，还以为你是个烟灰缸呢，一时传为笑谈。②

"假戏真做"与"真戏假做"

除了打牌，陈顾远的最大爱好是戏剧。他小时候就尝试

---

① 参见李新宇：《追忆风趣的陈顾远老师》，载熊先觉、徐葵主编：《法学摇篮 朝阳大学》，北京燕山出版社1997年版，第94页。

② 参见喻血轮：《绮情楼杂记：一位辛亥报人的民国记忆》，眉睫整理，中国长安出版社2011年版，第226页。

编写秦腔唱本，读大学时更热衷于此，他曾发表过一部名为《到光明之路》的独幕哑剧，在这部剧中，他把五权宪法设定为光明之神，宣传光明的四位使者分别是自由、平等、博爱与和平，饰演中国人民的弱势老人在通向光明之路中要遭遇金面魔、黑面魔、黄面魔、丑面魔、假面魔的阻拦，这些魔鬼分别代表清廷与帝国主义、北洋军阀、官僚、卑劣的政客、投机分子，老人最后在代表民族、民权、民生三民主义的三位青年帮助下，以五权宪法祛除黑暗，光耀神州。在北大就读期间，陈顾远一方面研究剧学，"拟编《鞠（菊）部要路》一书，已发表者有'行头编'、'脚色编'"[1]；一方面组织实验戏剧社，并参加评剧和话剧的演出。1922年3月2日，北大戏剧实验社成立会通过《北大戏剧实验社简章》，陈顾远在该社任剧务干事。[2] 同年12月17日，陈顾远在《北京大学日刊》发表《"黑暗之势力"说明书》一文，为即将在北大25周年校庆上演出的话剧预热（陈顾远在此剧中扮女角"花宜姬"）。这个剧本原为托尔斯泰所写，译者正是翻译了俄罗斯《民事法律汇编》的耿济之，他认为剧中

---

[1] 陈顾远：《回顾与远瞻——八十自述》，载陈夏红编：《法意阑珊处——20世纪中国法律人自述》，清华大学出版社2009年版，第62页。

[2] 参见《北大戏剧实验社简章》，载《北京大学日刊》1922年第981期，第3、4版。

描写的俄国农民的艰难生活,与中国农民相似,可以引起中国社会的共鸣。① 可惜的是,话剧演出当日,人声鼎沸,秩序混乱,几乎发生打架事件,观剧体验并不算好,在鲁迅的陪同下观看了这场演出的爱罗先珂后来还写文予以批评。② 陈顾远后来自我总结,说倾心于情与艺,后者包括文艺与技艺,技艺者即是指戏剧了。他自豪地称,自己授课声音洪亮,出自丹田,全赖三年戏剧吊嗓之功。他还创办人艺戏剧专门学校,为中国话剧界和影视界培养人才。③

陈顾远不仅嗜好戏剧,而且常以戏剧解释人生哲学。三十岁时,陈顾远就总结出一套他所谓的"戏剧人生观",并在北平一场有焦易堂等人参加的小型会议上作了宣讲,按照他后来的说法,"虽然三十岁的人所持的人生观是不甚完整的,但基本的观念已然建立",而且"经过多年的表演","这套人生观还是要得的"。二十余年后,陈顾远的学生在上海为他举办执教二十五周年的纪念活动,在众人祝贺之后,他又一次完整地阐述了他的戏剧人生观,并将其发言修改后

---

① 参见济之:《译黑暗之势力以后》,载《戏剧》1921年第1卷第6期。注:《戏剧》文章每篇从"一"重编页码,故未注明页数。
② 参见林翘:《鲁迅在北京所看话剧考》,载《上海鲁迅研究:鲁迅与江南文化》(总第89辑),上海社会科学院出版社2021年版,第97页。
③ 参见陈顾远:《回顾与远瞻——八十自述》,载陈夏红编:《法意阑珊处——20世纪中国法律人自述》,清华大学出版社2009年版,第62—63页。

发表在《智慧》半月刊上。

在他看来,人既生之于世,就成为一出或一幕戏剧中的角色,就得假戏真做、真戏假做,于平凡中求表现,于劳苦中求收获。既不应视作假戏而假作对世无补,过于消极,又不应视作真戏真作,于人有害,趋于攘夺。假戏真做,是认清了人生的虚幻,于虚幻中仍把握现实,不致成为生而无用之人。既然出现在某一出戏剧之中,无论充当什么角色,都得费力气换取观众的掌声,不偷懒不取巧,至少不要台下喝倒彩。戏固然是假的,做起来却处处逼真,那便尽了演戏的能事。人生与舞台上的戏剧相比,总算是真的戏剧,如果真戏真做,不免过重于现实,把个人的利害关系看得过重,所以需要真戏假做,戏固然是真,但终究是戏,你不看重自己的利益得失,只要卖力地演好自己的这出戏,不致落于迹象,沉于现实,台下人自会对你台上表演的成绩而发出喝彩。

"假戏真做"讲做事要认真,"真戏假做"讲为人要豁达。人生如戏,"假戏真做,择善固执;真戏假做,为而不恃"。诚哉斯言。

不为做官为慈善　王元增

❀ 近代监狱的奠基人

泰山云步桥下,有一首 1932 年的诗刻于石壁,诗曰:

世事如棋局,吾侪幸此游。云桥泉不断,涤尽古今愁。

这首诗是"九一八"事变后,王元增与六位朋友同游泰山时所题,此时已经 52 岁的他刚被升任为司法行政部监狱司司长,开始了他在国民政府时期长达 15 年主管监狱事务的生涯。而此时距离王元增最早管理新式监狱,已有 20 年。

如果要列举对近代中国监狱学贡献最大的学者,排名前三的应该是沈家本、小河滋次郎和王元增。沈家本在清末最早引入近代狱政制度，小河是日本著名的监狱学家，曾在晚清参与狱政改革，其学说对第一代中国监狱学人有重要的影响。不过，两人的影响主要在清末民初。相比而言，王元增在整个民国时期从事监狱学理论研究和监狱管理工作，许多狱政改革工作在其手中完成，无疑是中国近代监狱理论和实践的奠基人。

王元增，字新之，江苏嘉定（今上海嘉定）人。1906年，考中秀才的王元增赴日本警监学校学习监狱学，师从著名的监狱学者小河滋次郎。学成归国后在奉天地方检察厅任职。1910年，徐谦、许世英赴美国参加第八届国际监狱会议，并考察欧美司法与监狱制度，王元增得悉后，请求自费随行，不仅亲身体验到各国监狱制度与清廷的巨大差异，也获得了许世英等人的充分认可。正如他在1913年出版的《北京监狱纪实》例言中讲到自己的监狱学知识来源，"监狱学之智识得之于小河滋次郎先生者最多，其实务上之研求，又得先生之介绍，亲受浦和监狱早崎春香先生之指导，嗣又得从许总长之后，历观英、俄、德、法、意、奥、荷、比各先进国之监狱"。此时的王元增已经是当时少有的兼具理论知识与实务管理、国内实践与国际视野的监狱学人才。

图 13-1 王元增编《北京监狱纪实》

不久之后，许世英出任司法总长，他想起了这样一位自费随行人员，于是任命王元增担任京师第一监狱的典狱长。京师第一监狱是由法部戴鸿慈奏请、小河滋次郎设计建立

图 13-2 小河滋次郎

的。清廷的这个新式监狱刚建成，就被新成立的民国政府接收。王元增在京师第一监狱任职期间，开始了现代监狱管理的实践，在他的治理下，京师第一监狱成为全国模范监狱，许多新制度、新模式，包括王元增主持制定的《监狱保释暂行条例》《监狱作

业规则》《监狱参观规则》等在实践后都得以推行全国。此后王元增一直没有离开监狱管理岗位,坚持了长达近一生的新式监狱实践改革与理论研究。

佛教入监

王元增较之沈家本、小河滋次郎以及其后的一些监狱学人,最大的一个特点就是有从下到上监狱管理的全面历练。他最开始是管理一个监狱,即北京第一监狱,二十世纪二十年代后任职于江苏省司法厅监狱科,管理一个省的监狱,再到三十年代以后任职司法部监狱司,管理全国的监狱。

图 13-3　京师第一监狱

王元增监狱学的代表作是1924年出版的《监狱学》。时任司法次长的江庸为其题写了书名。王元增在自序中提到不能完全实行国外先进监狱制度,但"理想为事实之本,必蕴蓄者深,乃发挥者广"。除《监狱学》外,王元增还编写了不少监狱著作,包括《狱务类编》《监狱规则讲义》等理论著作和《京师第一监狱报告》等监狱实务资料汇编。

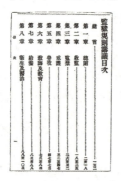

图13-4 王元增编《监狱规则讲义》目次

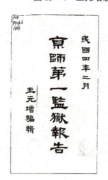

图13-5 王元增编《京师第一监狱报告》

在《京师第一监狱报告》中，王元增记录了这样一个史实：1914年8月，一位日本僧人觉先来到京师第一监狱，要讲说佛经教诲监犯。监狱不敢擅断，上报司法行政部，经部批准，"每星期日来监说教三小时，听者有所感，本监教诲之参用佛教"①。这应该是近代中国将佛教引入新式监狱的最早记录。

监犯教诲是新式监狱倡导的内容，也是近代监狱与传统狱政管理不一样的地方，即通过恢复监犯作为社会人的道德与知识，悔过犯罪意识，以便监犯能早日回归社会。王元增重视对监犯的教诲，设立教诲堂、图书室，对监犯的思想进行改造。引入宗教力量进行教育感化，尤其是佛教作为监狱教诲的方式，则是包括王元增在内的法律界人士与宗教界合作的本土经验。王元增管理的京师第一监狱，在1910年建立的时候，就同时将孔子、老子、穆罕默德、耶稣和约翰·霍华德画像挂在监狱讲堂。②

王元增管理江苏监狱期间，江浙地区的佛教入监率先引领了风潮。1926年11月，印光法师到江苏第二监狱讲经说

---

① 王元增：《京师第一监狱报告》，京师第一监狱1915年版，第83页。
② Michael R. Dutton, Policing and Punishment in China: From Patriarchy to "the People", Cambridge University Press, 1992, p.159, 转引自郝方昉：《刑罚现代化研究》，中国政法大学出版社2011年版，第90页。

法。当时，许多法政人士都有居士身份，如浙江高等检察厅厅长陶思曾，他对于佛教的感化作用就十分认同。陶思曾认为"监狱感化以教诲为先，教诲方法以佛理为尚，诚以因果轮回之理，五戒六度之行，忏愆悔罪之规，离苦得乐之法，大觉慈悲"。于是陶思曾聘请了很多佛教人士参与监狱教诲工作，如上海佛教居士林讲主王与楫、上海佛教净业社协办武仲英以及明道法师、谛闲法师等人。陶也因为这些"善举"被佛教界人士称为"菩萨再世"。①

1927年8月16日的《申报》刊登了署名"松庐"的《狱中三月记》，文中描述了作者因于监狱所见的佛教教化情况，颇有意思：

> 监狱内有一个教诲堂……正中高供着佛像，两旁有一副对联，写的是"以监狱作道场布施波罗蜜；聚囚徒为法侣皈命阿弥陀"。一边用彩绸翠柏著题"皈依佛"、"皈依法"、"皈依僧"三个彩牌。四壁遍贴着经句格言……先由教诲师讲了一回佛经，接着声声一响，就由众囚徒齐声唸起佛来。一时佛号宣扬。经云："放下屠刀，立地成佛"。在这许多众囚徒之中，平时在外操刀嗜杀者固然很多，但既到了这个场所，受了教诲师的劝

---

① 参见姜增：《民国"佛教入监"考》，载《交大法学》2018年第3期。

化，其中发心忏悔转迷为觉者，也就不乏其人。……囚衣是僧衣式的，囚帽也是僧帽式的。至于长年茹素，终日阅经，无一不是僧家举止。而尤其是那个庚字监房，一人一室，禁闭在内。除一日二饭外，整日危坐在床。念佛诵经，厥状宛如老僧之闭关修道。

二十世纪三十年代，中国佛教会以常务委员圆瑛、王一亭等人联合署名，向司法院正式呈文，请司法院"通令各省市县法院准予佛教团体至监狱宣传佛教"，在呈文中写道："穷思国家立法，意在惩恶劝善，促使悔过自新，与佛教忏除罪障之旨相同"，

图 13-6 圆瑛

"人心浇漓，贪欲炽盛，易蹈法网，虽身处囹圄，而三毒火烧，恶念不戢，出狱以后，往往累犯刑事"，"尤以身处囹圄者，及时施以佛法之感化，俾资忏悔，收效更易。即他日出狱，亦可为社会良好国民。"① 很快司法院将该函"送司法行政部核办"，司法行政部监狱司将该函转发各省法院及地方法院，要求各院查照办理，并转"所属各新旧监狱，准予

---

① 《本会呈司法院为请通令各级法院准予佛教团体至各监狱宣传佛教由》，载《中国佛教会报》1934年第55、56、57期，第1页。

佛教团体到监宣讲佛教,以资感化"。

根据中国佛教会的统计,到 1936 年 7 月,佛教团体组织到监狱讲演的情况为:江苏 10 处,江西 2 处,湖南 4 处,湖北 7 处,贵州 1 处,安徽 8 处,山东 5 处,绥远 1 处,福建 1 处,浙江 12 处。① 江浙一带仍是佛教入监适用的主要地区。浙江第一监狱还为监犯制作了《在监人修持考查表》,记录了每位接受佛教教化监犯的功课,表格式样为:姓名:某某某;罪名:强盗;修持种类:心经;修持时间:上午六时到八时,下午一时到三时;每日计数:一百一十卷;每月计数:三四一零卷;附记:并无间断。

制度中的人

相较于其他宗教进入监狱教诲监犯的尝试,佛教的活动无疑是更成功的。根据严景耀的调查,北平第一监狱图书室中的佛教书籍达到 2070 册,占图书总数的 47.54%。相比而言,基督教书籍仅为 200 册,法学书籍更是只有 93 册。②

---

① 参见《各省佛教团体到监讲演简表》,载《中国佛教会会报》1936 年第 7 期,第 6—7 页。
② 参见严景耀:《北平监狱教诲与教育》,燕京大学社会学系发行,1930 年版,第 43 页。

从这一点看，政策和法律的推行其实并不仅仅是"应不应该"，或者"可不可行"的问题，而是需要考虑许多执行者，即"人"的因素。譬如佛教入监，司法院院长居正就是知名的亲佛教人士，如果不是他，可能佛教入监的全面推广不会那么顺利。印光法师到江苏第二监狱讲经说法的活动，也多亏了身为佛教居士的典狱长吴棠大力支持。1936年6月，太虚大师到江西第二监狱讲经，也是因为典狱长刘蕃滋是佛教居士，极力邀请。从王元增对待佛教入监的态度来看，他对佛教无疑也是认可的。正是因为大量法政人士的佛教背景，才让监犯教诲与佛教产生了制度关联。而其他诸如基督教和道教，虽然也有多次提议试图介入，甚至抗议独厚佛教，但由于在法政界势力微弱，自然无法与佛教一较长短。近代制度变革中的许多偶然因素，如果脱离人的背景，就无法解释为什么历史选择了这个选项，而没有选择其他的选项。

回到王元增这个人。由于王元增精通西方理论，同时也长期投身实践，他了解如何将新式监狱的制度与中国实际国情结合，所以除佛教入监外，他还提出了包括人犯移垦等本土化的狱政改革措施。他主笔起草的《徒刑人犯移垦暂行条例》《徒刑人犯移垦实施办法》《移垦人犯减缩刑期办法》《移垦人犯累进办法》由司法行政部公布，将传统流刑制度结合到外役监试验中，随后选择了四川平武作为外役监的实验地,开展了数年的平武外役监实验,成为解决监狱经费紧张的重要措施,同时也为开发西部边疆地提供了新思路。

王元增之后的监狱学领域权威学者芮佳瑞曾称王元增"为吾中国发明监狱之学之约翰·霍华德",约翰·霍华德是英国监狱学者,被称为"近代监狱学之父",芮无疑将王元增视作了"近代中国监狱学之父"。就王元增的贡献而言,这一称谓并不夸张。另一位对近代监狱改革有重要影响的人物,也担任过司法部典狱司司长的王文豹也对王元增大加赞誉,对王元增投身监狱事业的举动"闻而异之",称其"治狱为一生慈善事业,不当作一种官吏生涯"[1],这句概括十分中肯。纵观王元增的一生,真正做到了一生只做一件事,而且是只做这件自己喜欢和擅长且有益于社会的事。虽然名为官吏,但是"人在公门好修行",他数十年投入监狱改革事业,在传统的牢狱中点燃了文明之火,不知惠及多少失足人士,真是善莫大焉。

---

[1] 王元增:《监狱学》,京师第一监狱1924年版,"序"。

西法东渐

14

谁最先翻译了《德国民法典》 马德润等

◉ 目前的《德国民法典》中译本

关于《德国民法典》的翻译,中国学者王宠惠于1907年译出英文版,成为英文世界的权威译本,已成为中国法律史上的一段佳话。但这部民法典的首位中译者是谁,最初译本情况如何,至今未有详细的考证。

目前中国大陆可见的《德国民法典》中译本主要有五种。1984年上海社会科学院法学研究所翻译的《德意志联邦共和国民法典》由法律出版社出版;1999年以《德国民法典》为名的郑冲与贾红梅合译本在法律出版社出版;同年，杜景林与卢谌合译本在中国政法大学出版社出版；2004年，陈卫佐在法律出版社出版《德国民法典》的译注本；台湾大学法律学院编译的《德国民法典》则于2017年在北京大学出版社出版，值得注意的是，这部译本在大陆虽是新近出版，但其最初版本源于1965年台湾地区出版的译本，因此以时间论，台湾版的中译本是这几部译本中时间较早的。

在台湾学者翻译的这部译本序言里，翁岳生先生也提及了王宠惠英译德国民法典一事，但对于中译本语焉不详，他称赞道："岳生极为感佩法学前辈在五十多年前信息较为封闭的年代，翻译德国民法，并成为中译本之中，被认为较为精准的代表性之译本。"① 由于翁岳生在前面提及 "德国民法之中文翻译，在1965年5月，由台湾大学法律学院研究所编译出版，是法律界的大事"，可以推测，翁先生所说的"中译本之中"，是指这部中译本翻译之后的五十多年中出现的其他中译本，而应该不是指台湾法学界在1965年前还有不同的中译本。由此可以初步推测，台湾大学法律学研究所的这个版本应该是1949年以后最早的《德国民法典》中译本。

---

① 台湾大学法律学院、台大法学基金会编译：《德国民法典》，北京大学出版社2017年版，"推荐序一"。

民初的《德国民法典》中译本

众所周知,《德国民法典》对我国近代民法的制定影响甚巨,梅仲协先生曾言民国民法"采德国立法例者,十之六七"①,民国时期的许多法政学人都有国外留学背景,在民国民法制定时期,许多学者利用德国民法条文进行立法论证和学术研究,因此有大量的德国民法条文被译为中文,零星的翻译和引用常见于当时的各大法学期刊。不过,以翻译整部法典的译本而论,较早可见的版本是 1920 年由民国司法部参事厅印行的《德意志民法》,这部译本是北京政府司法部参事厅出版的"外国法典丛书"中的第二种,由朱德明翻译。该套丛书由余绍宋主持,依靠司法部的官方推动,一年间就出版了至少十二种外国法典,朱德明还翻译了这套外国法典丛书中的《德意志民事诉讼法》。可惜关于译者的情况,史料记载不多。

---

① 梅仲协:《民法要义》,中国政法大学出版社 1998 年版,"初版序"。

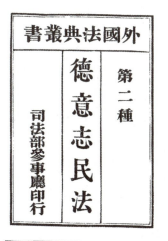

图 14-1 民国司法部参事厅印行的"外国法典丛书"《德意志民法》

这部《德意志民法》是民国时期比较权威的德国民法译本，民国著名比较法学者李祖荫在其所著《比较民法》中，将这部中译本列为学习德国民法的参考书目①，他同时还给出了另一部参考译本，即成书于民国初年上海商务印书馆《德国六法》中的《德国民法》。1913年，商务印书馆编译所翻译了包括《法国六法》《德国六法》在内的大量外国法律汇编，由于体量庞大，都由编译所集体翻译完成，其中民法部分的翻译人员没有记载。这部商务印书馆编译所的译本应该是民国时期第一部《德国民法典》的中译本。

---

① 参见李祖荫：《比较民法（债编通则）》，北平朝阳学院1933年版，第2页，"参考书"。

图 14-2 商务印书馆编译所编译的《德国六法》

清末马德润所译《德国民法典》

再前溯至清末,清廷曾派出许多法政学子赴国外留学接触西方法律,势必会接触到此时刚刚颁行不久的《德国民法典》。清末法政留学生中,赴日本就读者最多,英美次之,欧陆较少,于德国获法学博士者更少。以目前史料可见,最早在德国获得法学博士学位者,是湖北枣阳城关人马德润。

马德润,亦名玉琨,字海饶,湖北枣阳人,幼年在私塾学习并考取秀才。1899 年考入自强学堂,1904 年以官费留学德国,1907 年以《中国合于国际公法论》(Der Eintritt des chinesischen Reiches in den volkerrechtlichen Verband,直译为"中华帝国进入国际法协会")为题的论文在柏林大学获得法学博士学位,成为中国获德国法学博士第一人。马德润毕业后与另一位留德博士周泽春一起编辑出版《法政介闻》,将欧美法政知识翻译为中文传播到中国。在1908年《法政介闻》的创刊号上,马德润翻译了《德意志帝国民法全书》,这个版本应该是迄今可见最早的《德国民法典》中译本。

图14-3 马德润

马德润在译本前言中说明了自己翻译德国民法典的原因,他认为只有像德国一样,为私人活动制定严密的民法规则,才能"以有刑致无刑,以有争致无争",达到和谐的社会秩序。他说道:

管子曰:"以法治国,则举措而已",又曰,"有权衡之称者,不可欺以轻重;有寻丈之数者,不可差以短长;有法度之制者,不可巧以诈伪"。欲使无讼,必先悬一必讼之的,而后法易民全,始能以有刑致无刑,以有争致无争也。故今日世界,号称文明诸国,自宪法以至民法,自政府以至庶人,大而政治之举措,小而个人之往来,无不经经纬纬,一举一动,咸纳于法律范围之中。德国宪法,前于所译普鲁士宪法证书中,略已详其大要。惟德意志

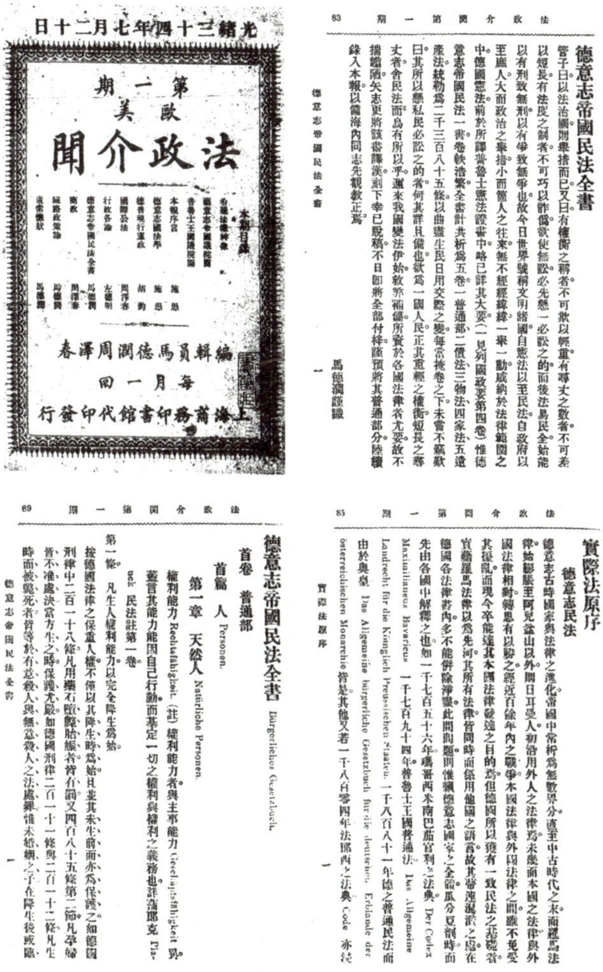

光緒三十四年七月二十日

第一期

歐美

法政介聞

本期目錄

德意志帝國議院圖

普魯士王國議院圖

本報序言　施愚

德意志國法學　施愚

德普現行憲政　胡鈞

國際公法　周澤春

行政各論　左德明

德意志帝國民法全書　馬德潤

商政　周澤春

鐵路政策論　馬德潤

編輯員馬德潤周澤春

每月一回

上海商務印書館代印發行

法政介聞　第一期　83

德意志帝國民法全書

管子曰。以法治國。則舉措而已。又曰。有權衡之稱者。不可欺以輕重。有尋丈之數者。不可差以短長。有法度之制者。不可巧以詐僞。欲使無訟。必先懸一必訟之的。而後法易民。全始能以有刑致無刑。以有爭致無爭也。故今日世界號稱文明諸國。自憲法以至民法。自政府以至庶人。大而政治之舉措。小而箇人之往來。無不經經緯緯。一舉一動。咸納於法律範圍之中。德國憲法。前於所譯普魯士憲法證書中。略已詳其大要。(一見列國政要第四卷)惟德意志帝國民法一書。卷帙浩繁。全書計共析爲五卷。一普通部、二債法、三物法、四家法、五遺產法。統勒爲二千三百八十五條。以曲盡生民日用交際之變。每當掩卷之下。未嘗不竊歎曰。其所以懸私民必訟之的者。何其詳且備也。欲爲一國人民正其重輕之權衡。短長之尋丈者。舍民法而烏有所以乎。邇來我國變法伊始。救弊補偏。所資於各國法律者。尤要。故不揣譾陋。矢志更將該書譯漢。剞下幸已脫稿。不日即將全部付梓。茲預將其普通部分。陸續錄入本報。以備海內同志先覩教正焉。

馬德潤識

德意志帝國民法全書　一

法政介聞　第一期　85

實際法原序

德意志民法

德意志古時國家與法律之進化。帝國中常析爲無數界分。直至中古時代之末。而羅馬法律始膨脹至阿兒益山以外。蓋日耳曼人初沿用外人之法律。爲未臻而本國之法律與外國法律相對。轉患有以勝之。經近百餘年內之戰爭。本國法律與外國法律之間。雖不免受其擾亂。而現今卒能達其本國法律發達之目的焉。但德國所以獲有一致民法之基礎者。實藉羅馬法律以爲先河。其所有法律。皆同時而係用他國之語言。故其審達混淆之處。在德國各法律書內。多不能併除淨盡。此問題則惟賴德意志國家之全體瓜分豆剖時而先由各國中解釋之也。如一千七百五十六年瑪哥西米南巴茄官利之法典。Der Codex Maximilianeus Bavaricus 一千七百九十四年普魯士王國普通法。Das Allgemeine Landrecht für die Königlich Preussischen Staaten. 一千八百八十一年德之普通民法。而由於奧皇 Das Allgemeine bürgerliche Gesetzbuch für die deutschen Erblande der österreichischen Monarchie 皆是。其他又若一千八百零四年法郎西之法典 Code 亦往

實際法原序　一

法政介聞　第一期　89

德意志帝國民法全書 Bürgerliches Gesetzbuch.

首卷　普通部

首篇　人 Personen.

第一章　天然人 Natürliche Personen.

權利能力 Rechtsfähigkeit.（註）權利能力者。與主事能力 Geschäftsfähigkeit 異。蓋言其能力能因自己行動。而基定一切之權利與權利之義務也。詳蒲耶克 Planck 民法註第一卷。

第一條　凡生人權利能力。以完全降生爲始。

按德國法律之保重人權。不僅以其降生時爲始。且並其未生前。而亦爲保護之。如德國刑律中二百一十八條。凡用藥石墮其胎娠者。皆有罰。又四百八十五條第二節。凡孕婦皆不准處決。當方生之時。保護尤嚴。如德國刑律二百一十一條與二百一十二條。凡生時而被斃死者。皆等於有意殺人與無意殺人之法處罪。惟未婚姻之子在降生後或臨

德意志帝國民法全書　一

图 14－4　马德润、周泽春编辑的《法政介闻》

帝国民法一书，卷帙浩繁，全书共析为五卷，一普通部、二债法、三物法、四家法、五遗产法，统勒为二千三百八十五条。以曲尽生民日用交际之变。每当掩卷之下，未尝不窃叹曰：其所以愚私民必讼之的者，何其详且备也！欲为一国人民，正其重轻之权衡，短长之寻丈者，舍民法而乌有所以乎？迩来我国变法伊始，救弊补偏，所资于各国法律者尤要。故不揣谫陋，矢志更将该书译汉，刻下幸已脱稿，不日即将全部付梓。谨预将其普通部分，陆续录入本报，以备海内同志先睹教正焉。①

马德润译出的这个中译本，距离《德国民法典》施行仅8年时间，早于国内学者通过日本学习的德国法，所以没有后来通行的日文汉字。其中的许多法律词汇，是他根据德文生造的。在翻译过程中，马德润还以按语形式对德国民法逐条进行解释。现节录其所译法典前三条内容如下：

    首卷 普通部

    首篇 人 Personen

    第一章　天然人 Natürliche Personen

    权利能力 Rechtsfähigkeit（注）权利能力者，与主

---

① 马德润：《德意志帝国民法全书》，载《法政介闻》（上海）1908年第1期，第83页。

事能力 Geschäptsfähigkeit 异。盖言其能力能因自己行动，而基定一切之权利与权利之义务也，详见蒲郎克 Planck 民法注第一卷。

第一条 凡生人权利能力，以完全降生为始。

按：德国法律之保重人权，不仅以其降生时为始，且并其未生前而亦为保护之。如德国刑律中二百一十八条，凡用药石堕毙胎娠者，皆有罚。又四百八十五条第二节，凡孕妇皆不准处决。当方生之时，保护尤严。如德国刑律二百一十一条与二百一十二条，凡生时而被毙死者，皆等于有意杀人与无意杀人之法处罪。惟未婚姻之子，在降生后或临时毙死者，罚略从宽，见刑律二百一十七条。

又如民法一千九百二十三条，凡生时即可得遗产，又当遗产前已胎孕者亦可得。罗马法学家撒毕立安 Sabinian 云，凡孩儿降生时，皆可就其情态而求，其凭证系属生否。其时卜哈库立安派，亦仿佛如此求之。即近于今日德意志之法，而以降生时呱闻四壁者，为确系生证。又此条云，凡生人皆有权利能力者，足以见在德意志帝国中，皆系国民，而绝无隶奴之事也。见蒲郎克民法注。

满丁之年 Volljährigkeit

第二条 凡成丁之年，以年满二十一岁为足。

按：如在一千零四条与一千零六条中，而可自主张事务。一千三百零三条，而可作成人结婚。一千六百二十六条，而不复在父母威权之下。与一千八百八十二条，而可去父母、托孤权之类。又满者足也，当自其生日起算。至某日而足二十一岁，方作为成丁之年。

成丁年之宣明 Volljährigkeitserklärung

第三条 有某少年而年足十八岁者，可由托孤法官，而宣许其为成丁年。既经宣明为成丁年后，该少年即得有成丁年之权利位置。

按：成丁年之宣明，其所属托孤法官，多兼于第一级裁判官。惟在德国各联邦所属官府不一，如撒个生巴也牙、墨克伦堡，类多由于中央政府或法部宰相宣明之类。

遗憾的是，马德润虽然称中译本"幸已脱稿，不日即将全部付梓"，但因为《法政介闻》同年停刊，连载完《德国民法典》的总则部分后就没有再刊载。马德润将《德国民法典》翻译完成是否属实，似可再作探究。

马德润1907年获得柏林大学法学博士学位后，除创办

《法政介闻》外，还进入了修订法律馆，参与清末修律中的外国法律翻译。[①] 1909年5月21日，马德润入职宪政编查馆，担任外务部德俄股股员，翻译德俄的法律。[②] 若马德润确如前所自述，已完成《德国民法典》的全文翻译，那清廷修订法律馆和宪政编查馆关于德国民法条文的翻译工作照理也应该完成。但直至1909年12月，两馆上报翻译外国法典的进度时，仅称完成了"德国民法总则条文、德国民法亲属条文"[③]的翻译工作。这说明直至1909年底，马德润很可能还没有完成，或者至少没有修订完成其所称的《德国民法典》全文的翻译工作。不过，仅就其1908年所译部分德国民法内容和作为清末官方核心的德国民法典翻译人员而言，称马德润是《德国民法典》最早的中文译者，当无异议。

马德润回国之后的活动，史料记载不多。1919年，马德润就任京师地方审判厅厅长，后转任平政院庭长，1924年任修订法律馆总裁。除翻译德国民法外，还著有《德国判例》《德国审判程式》《俄国民法概要》《俄国新民法概要》《劝

---

① 参见陈煜：《清末新政中的修订法律馆——中国法律近代化的一段往事》，中国政法大学出版社2009年版，第233—234页。
② 参见彭剑：《清季宪政编查馆研究》，北京大学出版社2011年版，第218页。
③ 《修订法律馆奏筹办事宜折》，载《政治官报》宣统元年十二月初四日，第798号，第5页。

军人勿干涉司法说》等。最后马德润定居天津担任律师,并任平津律师公会会长。1935年9月27日,《申报》报道"中国在德第一人得博士学位者马德润今因肺炎去世,享年58岁"。由此推之,马德润生于1877年,卒于1935年,与当代方志记载其生于1871年,卒于1937年略有差异。① 此外还有一说,是根据1931年樊荫南编纂的《当代中国名人录》②记录马德润时年49岁,由此推之,马德润生于1882年,那么他在1908年以中文翻译《德国民法典》时年仅26岁,与王宠惠在26岁以英文翻译《德国民法典》出现年龄的巧合。

值得一提的是,作者在整理1912年民国政府第一次全国司法会议议事录时③,发现马德润是当时会议发言最积极的人员(没有之一)。时任司法部参事的他参与了几乎所有的议案的讨论,有近百次发言,显示出超越其他参会者的法学专业水平。在许多议案的讨论中,他都给出了外国法尤其是德国法的法理建议,同时也重视结合中国司法实践。如在

---

① 参见湖北省地方志编纂委员会编:《湖北省志人物志稿》(第3卷),光明日报出版社1989年版,第1065页;枣阳县地方志编纂委员会办公室编:《枣阳人物》,1986年,第39页。

② 参见樊荫南编纂:《当代中国名人录》,上海良友图书印刷公司1931年版,第217页。

③ 参见刘昕杰、陈佳文等整理:《民国时期全国司法会议记录汇编》,法律出版社2023年版。

预审权是否交由检察厅行使的争论中,他既不像同在德国留学的周泽春一样,坚决反对违反审判独立的预审归属检察制度,也不像许多与会者一样认为现有的预审归属检察运行良好,不需改良,而是提出"两者一从法理着想,一从事实着想",建议先不进行法律的修改,待现有制度运行一段时间,再根据实践情况进行法律修订。马德润在会上的许多建议促成了民初司法改革在理想和实际之间徘徊前进。

15 哪些人翻译过《瑞士民法典》 曾志时等

◉ 修订法律馆与《瑞士民法典》

梅仲协评价民国民法"采德国立法例者,十之六七;瑞士立法例者,十之三四"①,由此可见瑞士民法对近代中国民法制定的重要影响。与之前的《法国民法典》和《德国民法典》不同,《瑞士民法典》制定于1907年,正是清廷着手制定《大清民律草案》的时间点,因此,《瑞士民法典》是一部与中国近代民法制定时间最为接近的国外重要民

---

① 梅仲协:《民法要义》,中国政法大学出版社1998年版,"初版序"。

法典。

作为清末修法主要机构的修订法律馆,一直通过多种途径收集国外法律典籍,翻译外国法典,以此作为我国民法立法参考。虽然《大清民律草案》最后采取了《德国民法典》的编纂结构,但根据陈煜查阅的档案推测,当时参与立法的民政部门曾建议仿效瑞士民法典结构①,其中重要的原因是《瑞士民法典》将亲属继承等人身关系法放置在财产关系之前,这与中华法律重视人伦的传统是更为契合的。民政部在给法律馆的这件行文中说道:

> 编纂民法典之次序,其三法例:一法国民法,……德国民法,……瑞士首冠以法例,第一编人事法,第二编亲族法,第三编承继法,第四编物权法,虽无债权法,将来置诸第五编,可想而知。②

可见此时民政部就已经对《瑞士民法典》的体例有了清晰的了解,而且还知道瑞士民法在债务法方面的不同之处。陈煜未给出这件档案文献的具体时间,但应是在大清民律草案制定的过程之中。修订法律馆开始编纂民律草案起始于光

---

① 参见陈煜:《清末新政中的修订法律馆——中国法律近代化的一段往事》,中国政法大学出版社2009年版,第336页。
② 中国第一历史档案馆:修订法律馆全宗,全宗号10,第7包。转引自:陈新宇、陈煜、江照信:《中国近代法律史讲义》,第195页。

绪三十三年（1907年），所以可以说《瑞士民法典》自制定之日起，就直接影响到了中国的民事立法，但此时国人对其了解更多地还只是停留在编章结构的设计和与德法等国的立法差异之处。

开始全面翻译《瑞士民法典》的时间并未相隔太久。宣统元年（1909年）二月，修订法律馆在奏报的工作进度中，称"拟订民律亲属法总则及第二章，拟订民律承继法总则"，正在翻译日本民法、德国民法、法国民法、奥国民法四部法典，但都未完成。① 到了同年十二月，又称"拟定亲属法草案第三章至第七章，拟定继承法草案第二章至第六章"，翻译外国民法中除二月提到的日德法奥外，第一次提到了瑞士，"译瑞士民法总则条文，译瑞士亲属法条文"。② 由此可见，瑞士民法典的总则和亲属法部分应该最迟不晚于1909年年底被修订法律馆组织人员翻译为中文。遗憾的是，目前对修订法律馆翻译外国法典的译本尚不可考。学界收集整理的修订法律馆和宪政编查馆主要人员，未发现有留学瑞士的人员，留学德国熟悉德文的马德润等人此时应该正在翻译

---

① 参见《修订法律大臣奏筹办事宜折》，载《政治官报》，宣统元年二月初二，第471号，第4—5页。
② 参见《修订法律馆奏筹办事宜折》，载《政治官报》，宣统元年十二月初四日，第798号，第5页。

《德国民法典》。

目前可查的最早《瑞士民法典》中译本出现在1936年的《法律评论》（第14卷第1期）上，由署名坚中的译者译出并开始连载，其后署名宜亭的译者译出几期，之后由坚中和宜亭两人交替各译出几期，至1937年《法律评论》因战争停刊，两人共译出949条，连载38期（至《法律评论》第14卷第40期）。

在《瑞士民法典》出台后制定的《瑞士债务法》，被视为瑞士民法的第五编，而如果将《瑞士债务法》计算在民法典范围内，则可考的债务法中译本反而出现得更早。自1929年《法律评论》第7卷第11期起，署名博泉、宇春（予春）的两位译者开始合译，其后署名博泉、曾宇春、陶坚中或陶惟能的三人以两人合译或单人独译的方式交替翻译，间断数期后，又由署名次威的译者独译，至1932年《法律评论》第9卷第16期，《瑞士债务法》880条译文全部刊登完毕。

多以别号署名的译者

翻译《瑞士民法典》和《瑞士债务法》的学者虽然多以别号署名，但通过查阅相关文献大致可以了解其基本情

况,这几位最早系统翻译《瑞士民法典》的译者分别是:

图 15-1 胡长清

胡长清,字次威,四川人,朝阳大学教授,日本明治大学法学士。

陶惟能,字坚中,四川人,朝阳大学教授,日本明治大学法学士。①

赵宝义,字宜亭,山东人,朝阳大学教授。②

洪渊,字博泉,浙江人,朝阳大学教授,日本明治大学法学士。③

曾志时,字宇春(予春),广西人,朝阳大学教授,日本明治大学法学士。④

这些译者有些是知名教授如胡长清,此不赘述,也有记载不详如赵宝义等人,其中曾志时值得一记。

曾志时出生于 1903 年,1920 年进入朝阳大学法律系,1924 年毕业留校工作,1927 年赴日本明治大学学习民法,1930 年回国继续在朝阳大学任教,后成为教育部部聘教授。

---

① 参见朝阳学院编:《朝阳学院教职员录》,1933 年,第 6 页,"本科教员"。
② 参见朝阳学院编:《朝阳学院教职员录》,1935 年,第 2 页。
③ 参见朝阳学院编:《朝阳学院概览》,1933 年,第 18 页。
④ 参见朝阳学院编:《朝阳学院教职员录》,1933 年,第 7 页,"本科教员"。

抗战胜利后任朝阳大学教务长，也是燕京大学、中国大学的兼职教授。1949年以后调到湖北大学工作，由于该校法律系已被取消，改教汉语，任教研室主任、校务委员和校工会副主席等职，并当选为省第三届人大代表，多次被评为教育战线先进工作者，1972年去世。中国人民大学档案系韦庆远教授曾撰文回忆其在朝阳大学时的情况：

> 曾老师上课不带任何讲稿，但对民法的立法原则、法理以至具体条文均极熟悉，而且能够围绕教材举出一些经过精选的案例，借以加深学生的理解。他娓娓而论，我们密密而记，回去整理笔记，发觉每讲都是一篇条理清楚、中心明确、阐论透彻的好文章。[1]

曾志时曾在1931年的《朝大季刊》（第1卷第3期）发表了题为《人格权之保护论》的长文，详细论述了人格与人格权的理论基础，并对生命权、身体权、自由权、贞操权、名誉权、信用权、肖像权和姓名权等具体人格权进行了详细的介绍，是国内较早系统研究人格权的学者。

通过刊载译文的时间顺序，我们可以重新梳理一下《瑞士民法典》早期译入中国的情况：1929年，洪渊和曾志时

---

[1] 韦庆远：《怀念好师长曾志时教授》，载熊先觉、徐葵主编：《法学摇篮——朝阳大学》，北京燕山出版社1997年版，第96—98页。

开始翻译瑞士债务法，其后陶惟能加入，几人合作翻译两年多，因故未能完成，由时任《法律评论》主编的胡长清接下翻译任务，直至债务法译完。四年后，陶惟能又着手翻译《瑞士民法典》，很快赵宝义加入，两人交替翻译，直至1937年《法律评论》停刊。

这几位译者都是朝阳大学的教授，《法律评论》是由朝阳大学主办的近代最知名的法学杂志，朝阳大学的老师同时是《法律评论》最大的作者群。胡长清担任过《法律评论》主编，陶惟能担任过杂志社经理，赵宝义、曾志时等人担任过编辑。所以几位译者能够较长时间合作，共同完成了《瑞士民法典》的合作翻译工作。

图 15-2　《法律评论》刊载《瑞士债务法》中译文

图 15-3 《法律评论》刊载《瑞士民法》中译文

多由日文译本转译而来

上述几位译者除了都是朝阳大学教授,还有一个共同点,就是都从日本明治大学留学毕业。这也引出一个问题,既然这几位译者没有瑞士留学背景,也没有德语基础或德语国家的留学经历,是如何翻译《瑞士民法典》的呢?

在这几位译者留学的日本明治大学,有一任法学部部长,名为水口吉藏,他是日本知名的民商法学者,著有《商法论丛》《商法要论》《票据法论》等著作,水口吉藏翻译的《瑞士债务法(与日本民商法比较)》是瑞士民法的主要日文译本①。各位译者既然都曾在明治大学研习民法，又无德文基础，可以推断瑞士债务法的中译本并不是直接从德文文本翻译过来，而是由几位译者通过水口吉藏的日文译本转译为中文的。

《瑞士民法典》的情况与之类似，日本学者辰巳重範在1911年译出了《瑞士民法典》，由法学新报社出版发行。辰巳重範是爱知县人，1873年7月出生，1874年被任命为司法官，同年被授予七品爵位，此后被任命为内阁官方公报局编辑部主任。辰巳重範的日文译本是当时日本民法学界的主要版本，可以推测几位译者应该是通过这一日文译本的《瑞士民法典》翻译为中文的。

图15-4　日本国会图书馆馆藏《瑞西民法》

至此可以大概归纳得出，《瑞士民法典》是由朝阳大学的几位教授利用留学日本明治大学的机会，借助瑞士民法典和债务法

---

① 参见［日］小泽奈奈：《大正时期日本法学与瑞士法》，庆应义塾大学出版社2015年版。

的日文译本，合作完成中文译本并在朝阳大学《法律评论》连载至1937年，其中债务法翻译完毕，而民法典未能翻译完全文。

制定民国民法的主要人物傅秉常称瑞士民法为当时最新的民法立法例，他认为"民国元年之民法草案模仿日本过甚，而日本又是模仿德国，其晦涩之文义致令一般人视法律为神秘奥妙，不可究诘，流弊滋多。瑞士民法之文义较为明显、可供起草之参考者不少"①。后制定完成的《中华民国民法》，如前述梅仲协所说，多采德、瑞立法。其中，民国民法的夫妻财产制被视为当时最具特色的规定，就是"从瑞士民法中采取而来"，"盖一以表现女[子]独立地位，一以证明重视契约行为"，"乃世界最新之立法例"。② 不过直到中华民国民法全面施行时，都还没有一部直接从德文翻译完成的《瑞士民法典》中译本，甚至通过日文转译的法典全本都尚未刊行于市。

国人第一部直接通过德文翻译的《瑞士民法典》，应该是1987年在法律出版社出版的，殷生根教授所译的《瑞士民法典》。此后，殷生根译本的修订版、于海涌和赵希璇合译本、戴永盛译本先后出版，这部对近现代中国民法影响深远的《瑞士民法典》全貌才得以充分展现出来。

---

① 傅秉常：《民法要旨谈》，载《大公报》（天津版），1929年4月13日，第4版。
② 《纪念"五五"》，载《大公报》（天津版），1931年5月5日，第2版。

16

《法国民法典》有多少个中译本   马建忠等

◉ 目前可见的中译本

目前常见的《法国民法典》中译本，一是商务印书馆1979年印行的李浩培和吴传颐、孙鸣岗的合译本《拿破仑法典（法国民法典）》，这个译本是李浩培自五十年代起作为中央人民政府法制委员会委员时就开始主笔翻译的版本。二是罗结珍1999年起在中国法制出版社、法律出版社和北京大学出版社先后出版的《法国民法典》[①]，罗结珍还同时翻译了法国的商法典、刑法典、刑事诉讼法典、民事诉讼法

---

① 参见《法国民法典》，罗结珍译，北京大学出版社2023年版。

典等。这两部的译者都是既精通法文、又通晓法律的学者,因此译本权威而实用。在这两部译本之间,北京大学出版社还在1982年出版了一本由马育民译的《法国民法典》。根据民法学者余能斌的回忆,马育民参与了共和国第三次民法起草小组。第三次民法起草自1979年起至1982年止,马育民是北京外国语大学的教师,并非法律专业,参与小组应该是要借助其法语特长,而这部译本应该是马育民参与民法起草的副产品。

图16-1　1919年寰球中国学生会送别留法学生

除这三部七十年代以后的法国民法典译本外,李贵连在 1993 年专文详述了法国民法典另外两个译本,并指出"《法国民法典》的汉译本到底有多少种迄今为止尚无精确考证"①。本文按时间顺序逐一考证《法国民法典》的中译本,看看除了李浩培、罗结珍等人,近代中国还有哪些法政学人翻译或部分翻译了《法国民法典》而不广为人知。

毕利干等人译《法国律例·民律》

在近代中国早期的法政领域译著中,影响最大的无外乎同文馆的《法国律例》和制造局的《佐治刍言》。《佐治刍言》是 1885 年由英国传教士傅兰雅(John Fryer)口译、应祖锡笔述的政治经济学教材《Political Economy for Use in Schools, and for Private Instruction》。《法国律例》则出版更早,1880 年由同文馆化学兼天文教习毕利干(Anatole Billequin)与学生时雨化译出,方式是一人口译,一人笔述。由于同文馆总教习是丁韪良,时人多称《法国律例》为总教习丁韪良所译。

---

① 李贵连:《〈法国民法典〉的三个中文译本》,载《比较法研究》1993 年第 1 期,第 86 页。

图 16-2　日本国会图书馆馆藏日本司法省藏版《法国律例》

《法国律例》共有刑名定范四卷,刑律四卷,园林则律二卷,贸易定律六卷,民律二十四卷,民律指掌六卷。以篇幅论,民律占据一半,这里的民律即是法国民法典。笔述者时雨化还翻译过丁韪良的《西学考略》。《法国律例》在出版十余年后影响剧增,成为许多读书人了解世界法治文明的著作。孙宝瑄在光绪二十七年(1901年)9月21日的日记中记载:"前见法国律例载有息讼官一职,余谓命名之意,仁至而义尽。仲尼曰:听讼,吾犹人也,必也使无讼乎。息讼也者,即欲使无讼之意也,观其命名而我国远愧矣。"梁启超将《法国律例》列为湖南时务学堂的必修科目,因为在他看来,"《法国律例》名为律例,实则拿破仑治国之规模在焉,不得以刑书读也"。因为译者不谙法律,《法国律例》的译文质量较低,梁启超批判道:"中国旧译,惟同文馆本多法家言,丁韪良盖治此学也,然彼时笔受者,皆馆中新学诸生,未受专门,不能深知其意,故义多闇眢,即如法国律例一书,欧洲亦以为善本,而馆译之本,往往不能达其意,且常有一字一句之颠倒漏略,至与原文相反者。"①

图 16-3 清末同文馆大门

经由《法国律例》,法国民法典很早就引介到中国。这部法典早期除了对应传统中国的刑律而被称为"民律",还有另外一个名称"齐家律"。光绪二十八年(1902年)出版的

---

① 梁启超:《饮冰室文集》,广智书局1905年版,第49—50页。

《皇朝世文新编续集》在法律卷专门介绍了拿破仑法典。文中提到:"拿坡仑起手订律例,总目有八,一曰立国律、二曰齐家律,三曰判断律、四曰贸易律、五曰罪恶律、六曰刑罚律、七曰报馆律、八曰树艺律,后虽间有修改,然各国多从之,故言西律者,以法国为断。"其中的"齐家律"就指的是民法,《皇朝世文新编续集》也对同文馆的法国律例的译文质量评价不高:"京师同文馆译有法国律例,尚嫌脱略",同时指出"求是报三乘槎客有西律新译,未终"。① 这里提到的"三乘槎客"就是少为人知的法国民法典的另一位译者陈季同。

⦿ 陈季同译《拿布仑齐家律》

陈季同,字敬如、镜如,号三乘槎客。少年时期在福建船政学堂就读,学习法文,并作为清政府首批派往欧洲的留学生赴欧深造。在众多的留学生中,他与马建忠两人选择了学习法国的法律与政治。后任中国驻法、德、意公使馆参赞。

图 16-4 陈季同

---

① 尹彦铢:《剂变篇 论刑律》,载《万国公报》1900 年第 139 期,第 6 页。

陈季同在《求是报》连载翻译法国法，《求是报》创办于光绪二十三年（1897年），由上海格致书院编辑，英文名为 International Review，该刊的《章程告白》称："本报不著论议，以符实事求是之意。报首恭列上谕，其次分为内外编。内编之目三：曰交涉类编，曰时事类编，曰附录。外编之目五：曰西报译编，曰西律新译，曰制造类编，曰格致类编，曰泰西稗编。倘一期不及齐出，则下期补刊。末附路透电音。"发行十二册后停刊。

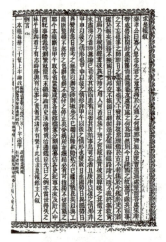

图16-5 《求是报》连载法国法中译文

陈季同在《求是报》的"西律新译"专栏中,先译《拿布仑立国律》(法国宪法),三期连载译完后,从第四期起译《拿布仑齐家律》(法国民法)。由于法国民法条文浩繁,而此时国内新开诸多报馆,亟需借鉴国外相关法律,而陈季同的兴趣为新闻出版,所以在民法尚未译完时就开始翻译《拿布仑报馆律》。在连载七期法国民法的译文后,《求是报》于1898年3月停刊,陈季同遂去南京主持《金陵官报》,以《拿布仑齐家律》为名的法国民法未能翻译完成。但仅以其所译的部分民法条文看,译本的质量较高,不仅法意通达,而且中文流畅,体现出作者较为深厚的语言功底和法律知识水平。陈季同的这个未完译本是中国人翻译的第一部法国民法典中译本。

马建忠译述《法律探原·户律》

除了陈季同,另一位马建忠也翻译过法国民法。马建忠,字眉叔,江苏丹徒(今镇江)人,是《文献通考》作者马端临的后人,他从小就和四哥马相伯(震旦学院、复旦公学、辅仁大学的创办人)就读于上海天主教最早创办的洋学堂徐汇公学。1877年,马建忠与陈季同等人一起被李鸿章派往欧洲学习,并兼任中国驻法公使郭嵩焘的翻译,其间他通过了巴黎考试院的文科和理科考试,成为第一个取得法国高中会考毕业证书的中国人,并继续攻读博士学位。《清史稿》称马建忠"博学,善古文辞,尤精欧文,自英、法现行文字以至希腊、拉丁古文,无不兼通"[1]。

在法国留学期间,马建忠与李鸿章一直保持通信。当时国内正值洋务运动,重视对西方器物文明的学习,马建忠已经敏锐地发现西方制度文明的优势,他在函件中向李鸿章介绍欧洲社会制度:"近今百年,西人之富不专在机器之创兴,而其要专在保护商会,美法善政,昭然可举",西方诸国"或为君主,或为民主,或为君民共主之国,其定法、执法、

---

[1] 赵尔巽等撰:《清史稿》(四一册),中华书局1977年版,第12483页。

审判之权分而任之，不责于一身。权不相侵，故其政事纲举目张，粲然可观","催科不由长官，墨吏无所逞其欲；罪名定于乡老，酷吏无所舞其文","人人有自立之权，即人人有自爱之意"。① 回国后，马建忠受李鸿章器重，参与了晚清诸多洋务和外交活动，是近代学贯中西的人物。

图 16-6 马建忠

马建忠在宣统年间译编了《法律探原》一书，是以当时的知识分子视角对法国法学的第一次译介，其中的第二卷《户律》实际上就是法国民法典第一编的编译稿。这部译稿并不是严谨的译本，而是采取中西文化夹杂叙述的方式进行的改译。该书把法国民法典第一编改写为户籍、丁幼、立家、婚姻、嗣续五个部分，以和中华法系的家庭法对应，而将自然人与民事权利等核心概念隐而不述。借用俞江的说法，这部译本与其说是法国民法的翻译之作，不如说是中国传统知识分子对本土民法学的最初设想。② 朱明哲将其与同

---

① 马建忠：《上李伯相言出洋工课书》，载中国史学会、中国科学院近代史研究所史料编辑室、中央档案馆明清档案部编辑组编：《洋务运动（一）》，上海人民出版社1961年版，第425—429页。

② 参见俞江：《19世纪末中国民法学的"绝响"——马建忠〈法律探原·户律〉评述》，载《华东政法大学学报》2013年第2期，第126页。

年出国的严复相比,认为如果把严复所代表的移植模式称作"机械的移植",马建忠对法国法学知识的移植则是一种"有机的移植"。①

马建忠在近代史上因两件事而颇具盛名,一是在汉语史上,以拉丁文法对汉语进行了语法归纳,著成《马氏文通》,奠定了现代汉语的语法基础,成为该领域当之无愧的第一人。二是在参与朝鲜对外活动中,设计了朝鲜的太极图国旗,被大韩民国临时政府沿用至今。由于他在语言学和近代外交上声名卓著,其对法国民法的译介反倒不为人知了。

◉ 陈箓译《法兰西民法正文》

光绪三十三年(1907年)四月,民政部奏请速定民律。同年九月,清廷派沈家本等人为修订法律大臣,开始制定中国第一部民法典草案《大清民律草案》。其中亲属、继承二编由修订法律馆会同礼学馆编订,亲属法由章宗元、朱献文负责,继承法由高种、陈箓负责。

---

① 参见朱明哲:《法学知识的跨国旅行——马建忠和19世纪末的法国法学》,载《政法论坛》2020年第1期,第179页。

陈箓,字任先,号止室,福建闽侯人,他是第一位在法国获得法律学士学位的中国留学生,并于1904年起在法国巴黎大学修读法律博士学位,1907年学成回国担任修订法律馆纂修,参与了民律草案的制定。在修订法律馆的翻译计划中,法国民法典是最重要的几部法典之一,因此陈箓在修订法律馆期间译出了部分法国民法条文,并由修订法律馆以《法兰西民法正文》之名印行。

图16-7 陈箓

图16-8 日本法学家织田万给陈箓的赠诗(吴景键博士提供)

除翻译法国民法和参与大清民律草案的制定外，陈箓长期活跃在外交领域，曾担任北京政府外交部次长。然而，这样一位法律人，在日寇侵华期间，却参加了维新政府，公开叛变投敌，担任汪伪政府的外交部部长。1939年2月19日，他在上海被军统射杀于寓所。第二天报纸用了"汉奸陈箓夜登鬼录，飞快将军从天而降"的戏剧化标题来报道这件震惊中外的刺杀事件。策划这场锄奸行动的"飞天将军"，就是电视剧《伪装者》里王天风的原型王天木。巧合的是，这位军统的重要人物，毕业于日本明治大学，所学也是法学专业，回国后还担任过京师地方审判厅推事、浙江高等检察厅检察长，妥妥的一位法律人。更加巧合的是，这位刺杀汉奸法律人的法律人之后也投敌叛国了。

施宏勋等合译《法兰西现行民法》

1933年，由南京司法行政部法官训练所同学会主办的《法治周报》在南京发行，从1934年的第2卷起，刊载了由施宏勋、沈德骥、金世鼎合译的《法兰西现行民法》。这三位译者都曾留学巴黎，施宏勋译第一编，沈德骥译第二编，在1934年第2卷连载刊出，金世鼎译第三编，在1937年复刊后连载刊出。

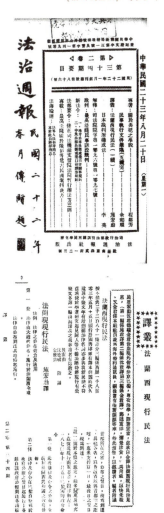

图 16-9 《法治周报》刊载《法兰西现行民法》中译本

这三位译者中，施宏勋是浙江嘉善人，在巴黎大学法科留学，后因仰慕籍尼教授（F. Geny，今译惹尼）之名转读南锡大学，1936年以《中国新民法典中的遗嘱问题》博士论文获法学博士，回国受卢峻邀请到西北大学教授民法，并担任法律系主任，著有《继承法新论》，由西北大学法律系印行。沈德骥回国后从政，任职于行政院，担任全国经济委员会统计局局长，同时执教于上海法政学院。金世鼎，字诺九，江苏淮安人，国立中央大学法学士，三十年代赴法国留学，1940年以《中国司法官之铨任》博士论文获巴黎大学法学博士学位，留学回国后担任法官与检察官，在南京高等法院任职期间，曾作为审判长审理了丁默邨一案，而丁默邨是电影《色｜戒》中易先生的原型。

图16-10 金世鼎

这部连载的合译作品虽然只是部分完成，但就翻译质量来讲，却是前述几部译本中较高的，是因为除了译者们兼具法文和法律知识，更在于经过数十年的西学东渐，大陆法系的一些民法概念和理论已经有了较为准确的中文对应概念，这几位译者的翻译不再进行专业词汇的创设，也就不显得晦涩了。

除了这些法典译者,近代许多法政学人在二十世纪二三十年代对法国这部民法典多有译介和评述,如梅汝璈、梁仁杰、苏希洵等,但较之同时期对德国和瑞士民法典的溢美之词,包括留法学者在内的国内民法界在译介法国民法典时,大多有先褒后贬或是褒贬参半之意,评译者几乎都会提及该部法典"颁行已久",将这部1804年的民法典定格在了所谓的"个人本位"的"旧时代",让这部法典在二十世纪中国民法制定的过程中不如德国和瑞士民法典有影响力。近代中国以来的法律变革,新口号和新理念不断更迭,民事立法的"个人本位"还未达成,就急着推崇"社会本位",喜新厌旧的社会风潮弥散一个多世纪。

17

苏俄民法如何译到中国　耿济之等

❀ 耿济之首译俄罗斯民法

1923年6月，瞿秋白在《新青年》上译出了《国际歌》，成为这首脍炙人口歌曲的中文译者，大多数人不知道的是，在瞿秋白的译本之前，有一个更早从俄文翻译而来的版本，发表在1921年的《小说月报》① 上，不过歌曲名译得比较长，叫《赤色的诗歌——第三国际党的颂歌》，也许就是这个歌名和发表在文学期刊上，影响了这个国际歌译本的传播度。这个俄文译本的译者是耿济之和郑振铎。法学界对郑振铎很熟

---

① 参见《小说月报》第12卷号外，第467—469页。

悉,但对耿济之则比较陌生。耿济之是我国近代著名的翻译家、文学家,也是本文要谈到的第一位俄国民法典的译者。

耿济之,名匡,江苏人,曾在北平俄文专修馆修习俄文,1918年起着手翻译托尔斯泰、高尔基、契诃夫、屠格涅夫、陀思妥耶夫斯基等人撰写的俄国文学作品,是我国苏俄文学最重要的翻译者之一。耿济之思想进步,曾与瞿秋白、郑振铎共同编辑《新社会》和《人道》刊物,积极传播新思想,宣扬新社会。他在民国时期长期担任驻苏联的领事职务,回国后也一直从事中俄交流和俄文翻译工作,1947年在沈阳逝世。郑振铎评价他"君文豪雄,君性纳朴;今之善人,谦退恭肃;埋头著作,卑斥征逐;劳碌一生,译文千轴"①。

耿济之与俄国民法产生关联是在民国初年。当时,司法部余绍宋组织翻译"外国法典丛书",需要俄文翻译,就邀请耿济之担任俄国法律的译者。此时《苏俄民法典》尚未颁行,余绍宋邀请耿济之翻译的实际上是《俄罗斯帝国法律汇编》第十卷第1部分《民事法律汇编》,这部法律汇编于1826年为尼古拉一世所编。清末,法律修订馆曾翻译过其中的部分章节,但未翻译全文,耿济之在1921年将这部法典全文翻译,并由司法部参事厅以《俄罗斯民法》为名出版。这也是最早的俄罗斯民法典中译本。

---

① 中共上海市普陀区委党史研究室编著:《瞿秋白与名人往事》,中国社会出版社2012年版,第177页。

图 17-1　司法部参事厅印行"外国法典丛书"《俄罗斯民法》

耿济之的俄文水平固然无可置喙，但法律翻译却是一件很专业的工作，由于对法律概念并不熟悉，这部中译本的文字显得比较"白话"。这四卷的标题，耿济之译为："亲族之权利义务""一切财产上权利取得及保守之顺序""取得并保全财产上权

图17-2 耿济之

利之限制""契约书上之义务"，其实像"契约书上之义务"就是"合同之债"，耿济之不谙民法，只能意译。除了俄罗斯民法，耿济之还译了"外国法典丛书"中的《俄国协作公司及其联合会条例》。这些法律译本他都署以耿匡之名，以至于法学界和文学界并不知道这两个署名其实是一个人。耿济之50岁英年早逝后，被当时报纸报道为"直接译俄文之最成功者"①。他在翻译界和文学界影响颇深，至今却少有人知他以耿匡之名首译俄罗斯民法一事。

民国时期的《苏俄民法典》中译本

耿济之翻译的这部法典虽是第一部以"俄罗斯民法"为

---

① 《耿济之逝世》，载《大公报》（重庆版），1947年3月4日，第2版。

名的中文译本，但由于该法典的内容不具有太大借鉴价值，并未在当时产生较大影响。1922年，第一部社会主义性质的民法典《苏俄民法典》制定完成并于1923年施行，这部法典开创了社会主义民法典编纂的历史。此时尚在德国的马德润通过德国法律杂志了解到苏俄民法的最新情况，译就了《俄国民法概要》《俄国民法概要（续）》，发表在《法律周刊》1923年第7、8两期上，文中指出了苏俄民法与既往国外民法的不同之处，最后马德润说明他只大概介绍，是因为"此种新法律之良否，现时尚不能加以断定，兹特略述其大概耳"①。

马德润是近代德国法律译入中国的重要人物，曾担任清末宪政编查馆外务部的德俄股股员，负责翻译德俄两国的法律。民国初年，马德润就任修订法律馆总裁，他在寻得苏俄民法全文后，委托当时修订法律馆的馆员译为中文。一年后，自俄文直接翻译的《俄罗斯共和国民法》中译本出版，与苏俄民法典的颁布仅隔了一年时间。马德润为这部《苏俄民法典》的第一个中译本写了序言。在序言中，马德润谈道：

---

① 马德润：《俄国民法概要（续）》，载《法律周刊》1923年第8期，第16页。

一国之民法，必须应社会趋势之倾向与民族经济之状态，始能适合国情、推行尽利。欧战以还，各国经济组织顿改旧观，其中呈激剧之变化者，尤莫如俄国缘经济之变迁，成民法之改造。旧民法既经无效，新民法乃于一千九百二十三年一月施行。就其性质言之，与东西各国民法之沿袭旧法者迥然不同，独辟一新纪元，自成一新系统。①

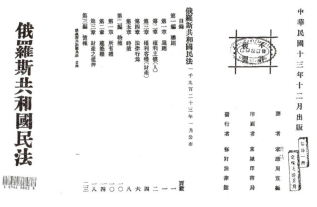

图 17-3　周宣极译《俄罗斯共和国民法》

---

① 《俄罗斯共和国民法》，周宣极译，修订法律馆 1924 年版，"序"。

这部法典中译本的译者是周宣极。周宣极，字介春，湖北武昌人①，与之前俄罗斯民法译者耿济之情况类似，他也并非法政人物，只是由官方指派进行法典的俄文翻译。周宣极擅长的领域是农业，他曾在《农商公报》（1918年第5卷第2期）发表过《阿尔泰务农纪要》。周宣极的译本影响较广，1925年，由孙中山创办的广东法官学校在其编辑的《平等》周刊创刊号上转载了周宣极译本的总则部分，并引用马德润"独辟一新纪元，自成一新系统"这句话介绍这部苏俄民法典的精神。②

在周宣极自俄文译出《苏俄民法典》之后，陶希圣也自日文译本转译了《苏俄民法典》的继承法条文，即《苏俄民法典》第416条至435条，发表在1926年第1期的《法律评论》上。1928年，又一部影响力较大的译本出版，这就是顾树森组织翻译的《苏俄新法典》，其中第五编为苏俄民法。

顾树森，字荫亭，江苏嘉定（今上海嘉定）人。他的父亲顾维忠是外交家顾维钧的堂兄，因此顾树森算是顾维钧的堂侄。他就职于中华书局，并任《中华教育界》杂志社主任，

---

① 参见农商部总务厅文书科编：《农商部职员录》，农商部总务厅文书科1925年版，第72页。

② 参见惟心：《俄国民法》，载《平等》1925年第1期，第11页。

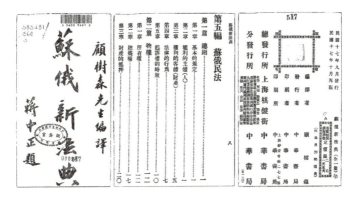

图 17-4 顾树森编译《苏俄新法典》

长期从事教育理论的研究,是近代中国著名的教育家。1922年,顾树森赴欧洲研究西方教育,先后游历了德国、法国、意大利、苏俄等国,写成"游欧丛刊",1927年在中华书局出版,其中包括《苏俄新教育》。1928年顾树森编译出版《苏俄新法典》,包括苏俄联邦新宪法、苏俄联邦共和国旧宪法、苏俄劳工法典、苏俄劳农法典、苏俄民法和苏俄刑法六编,蒋介石为这部书题写了书名。从顾树森的经历来看,虽然在中华书局工作期间,他编译出版了大量涉及多个国家的政治、教育、法律和经济的书籍,但他既没有俄文基础,也不是法政中人,因此,虽然这部法典署名顾树森编译,但更大的可能是由顾树森组织中华书局编译人员进行的合作翻译。

在顾树森译本之后,二十世纪三十年代初还出现过两部由日文转译的《苏俄民法典》译本,分别是陈士诚翻译的《苏俄新民法》和王发泰翻译的《苏俄民法典》。陈士诚,别号幻云,福建霞浦人,曾任民国时期最高法院书记官[1],民国法官训练所四期法官[2],留学东京帝国法科大学[3]。1932年,当时在朝阳大学的陈士诚开始在《法律评论》连载翻译《苏俄新民法》,在1932年第9卷第17期至1932年第9卷第34期上刊载。1946年5月,他作为最高法院的刑庭推事,参与了对汪精卫之妻陈璧君的终审。陈士诚对苏俄及社会主义国家法律关注较多,还翻译了《苏俄新特殊破产法及和议法》[4]《苏俄儿童保护规定》[5]《古巴之刑法草案与蒲哈林之思想》[6]《论罗马尼亚之侵犯公序取缔法》[7]等。

---

[1] 参见朝阳学院编:《朝阳学院教职员录》,1932年,第20页。
[2] 参见法官训练所同学总会编:《法官训练所同学录》,1947年,第85页。
[3] 参见刘以臧等修、徐友梧纂:《霞浦县志》,1929年,第37页。
[4] 载《法律评论》1930年第8卷第5期,第6—14页。
[5] 载《法律评论》1932年第9卷第13—14期,第11—15页。
[6] 载《法律评论》1932年第9卷第36期,第11页。
[7] 载《法律评论》1932年第9卷第37期,第23页。

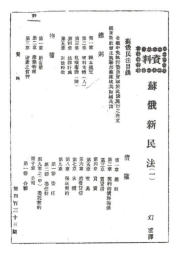

图 17-5 幻云译《苏俄新民法(一)》

1935年,王发泰编译的《苏俄民法典》在平凡社出版,并于1936年作修正追补。他本人此时还旅居日本,在译本的弁言中他指出:

> 而我中国国民,对于俄国实情,殆鲜有知其梗概者,观其增修,有若违其所采之主义者。然抑自资本主义社会,推进社会主义社会,所必经之径途,绝未可厚非。即其以寥寥四百余条,除当我民法公司法二法典之用外,尚将我保险法全典及训政时期约法暨土地法多条,亦定入其中,已足见其法典于社会化公法化之性质,所具特多,实为近世民法之最新法典。

民国民法以克服个人主义的社会本位自居，但较之苏俄民法的社会化和公法化还差之甚远。在民法典译本出版之前，王发泰还翻译了一些日本学者介绍苏俄民法的论文，将其中一篇日本学者末川博所作的《苏维埃俄罗斯民法之侵权行为法》译刊在《政法月刊》上。① 在译文文末，王发泰以译者名义感叹："我国民法虽后在1928年施行，然犹未从个人主义脱出，谓余不信，请证之我民法第五款侵权行为第184条亦可窥见其未可与苏俄民法比美处"。

图 17-6　王发泰编译《修正追补苏俄民法典》

---

① 载《政法月刊》1933 年第 9 卷第 2 期，第 94—99 页。

五十年代以后的《苏俄民法典》中译本

中华人民共和国成立不久,由王增润译、王之相校的《苏俄民法典》由中央人民政府法制委员会于1950年编印发行。王增润,字泽民,民国时期曾在东省特别区域地方审判厅任职,担任法庭翻译①,后在北京从事律师职业。王之相曾在民国时期任国立北平大学俄文法政学院院长,与民国时期的译者相比,两人都是既通俄文又懂法律。1956年,郑华翻译的《苏俄民法典》由法律出版社出版,与之相伴的还有一大批苏联民法的研究著作,包括 C·H·布拉都西主编的《苏维埃民法》②、玛·雅·克依里洛娃的《苏维埃民法》③,等等。这些法典和论著的翻译将社会主义民法典体系全面引入现代中国,也为我们开展第一次民法典编纂工作提供了理论基础和立法借鉴。

1964年,苏联最高苏维埃通过了新的《苏俄民法典》,1980年中国社科院法学所民法研究室翻译了这部新的苏俄民法并作为"外国经济立法选编"中的一部,同年北京大学法

---

① 参见司法部编:《收回俄国法院监所记》,1921年,第76页。
② 中国人民大学民法教研室1954年版。
③ 北京政法学院民法教研室1958年版。

律系资料室和民法教研室印制了法典中译本。这部法典对改革开放的中国制定民法典提供了有益的参考。1995年，俄罗斯施行新的《俄罗斯联邦民法典》，《苏俄民法典》就此告别历史舞台，国内翻译这部《俄罗斯联邦民法典》的学者主要是黄道秀教授。

相较于二十世纪对其他主要国家民法典的翻译，《苏俄民法典》虽然颁布最晚，变动较大，但在近代被译成中文的版本却最多，而且通过俄文直接翻译的比例很高，这点可能与我们的既定印象有所不同。我想其中最主要的原因应该还是《苏俄民法典》的篇幅最小，四百余条的体量仅为法德民法典的五分之一左右，译事比较简单。再者，由于中俄近邻，苏俄的社会主义革命和国力迅速崛起给转型中的中国知识分子带来了极大的震撼和鼓舞，苏俄在政治、军事等诸多方面也与近代中国政府有极大关联，及时翻译并参考这部在某种程度上与近代中国民法典制定理念更为接近的法典，对于当时法政界而言是有需求和市场的。

18

近代法学编书第一人　郭卫

编辑大量法学畅销书籍

在1931年第1卷第10、11号的《中国新书月报》上,有一则"出版界消息",提到广益书局所售的蔡天锡著《刑法分则》一书,封面有"郭卫校订"的字样。为此,郭卫专门发表声明:"鄙人对于该书内容,确未曾加以校订,该书刊用余之校订名义,实未敢掠美。"

这是文雅的措辞,斯文地澄清了出版社擅自挂名增加销量的侵权手法。"郭卫校订"四个字能成为专业法律书籍的卖点,以至于著名的广益书局都要借助其声量,可见这位近代最重要的法学书籍编纂者的权威性和知名度。

郭卫,字元觉,湖南常宁人,毕业于北洋大学法科,获哥伦比亚大学法学博士学位。曾任大理院推事,位及司法部秘书长。1925年与徐谦等人共创上海政法大学,任教务长。1931年受聘担任上海法学编译社社长。郭卫最为法学界所知的事迹是其编纂整理了众多法律书籍,这些书籍至今仍是法学研究的重要文献。据笔者不完全统计,除报刊外,由郭卫或郭元觉署名"著""编""辑""校"的法律书籍,应不少于160种,其中绝大多数由上海法学编译社和会文堂新记书局出版发行。

戊戌变法以前,西学的出版传播主要依靠江南制造局翻译馆、同文馆等官方和教会主办的出版机构。1897年以后,国内风气大开,民间出版机构大量涌现。二十世纪初期,汤寿潜在上海创办"会文学社",后称"会文堂书局",会文堂早期以出版新式教材为主。汤寿潜去世后,汤寿铭主持书局,因不善经营,转让给徐宝鲁,书局改名"会文堂新记书局"。徐宝鲁借助其在国民党内的人脉关系,得到许可证,在书局中设立专门编辑法学书籍的机构"法学编译社",聘请郭卫担任主编,并独家发行《六法全书》等法律书籍[①],会文堂新记书局由此开始

---

① 参见朱宝中:《我所知道的上海会文堂书局》,载政协萧山市委员会文史工作委员会编:《萧山文史资料选辑》(第3辑),1989年,第126—127页。

主打法学书籍的销售。在郭卫担任主编的三年里，依靠其编辑的大量畅销法学书籍，会文堂一度成为一线的出版机构，上海法学编译社也成为享誉全国的专业法学书籍编辑机构。1934年7月，郭卫去职后，由著名法学家吴经熊接任。

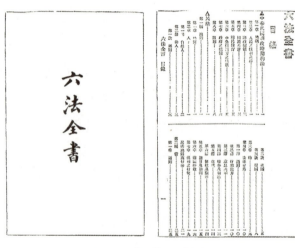

图18-1 郭卫编《六法全书》

郭卫所编的大多是畅销的法学教科书或法律普及读物，也有一些重要的法律文献，其中最为知名的，应该是《大理院判决例全书》《大理院解释例全文》两部。这两部书称"部"，真是因为其部头的确很大，郭卫将北京政府时期大理院的判决例和解释例进行了全面整理汇编，为国民政府初期的法律适用提供了重要的司法资源。胡汉民、王宠惠等多位法界大佬为其背书，风行之至，成为当时法界必备巨著，

“几已人手一编”①。为了满足不同人群的需求，上海编译社同时以不同印制方式售卖，以面对不同的读者人群。如《大理院解释例全文》就曾以三种方式印制，并分别定价售卖：以“报纸洋式装”售价十二元，以“瑞典纸皮装”售价二十元，以“道林纸皮装”售价二十八元。② 且不说这发生在现代出版业兴起不久的二十世纪三十年代，即使是在图书出版业极为繁荣的当下，大部头的法律专业书籍能做到三个印刷版本以不同售价同时销售，恐怕也属罕见。

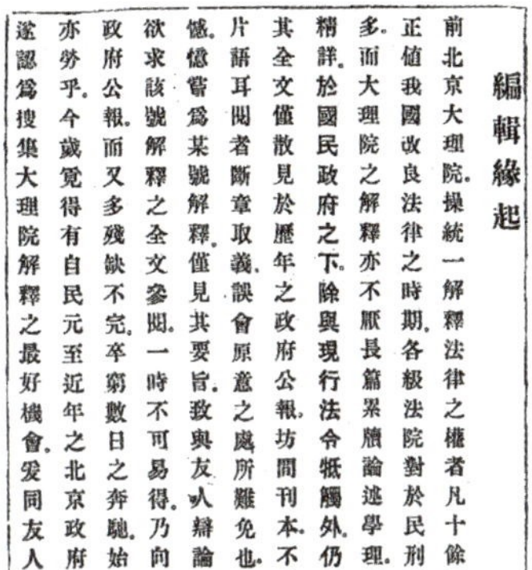

編輯緣起

前北京大理院。操統一解釋法律之權者凡十餘年。此十餘年中。正值我國改良法律之時期。各級法院對於民刑事件之疑義滋多。而大理院之解釋亦不厭長篇累牘論述學理。引證事實。備極精詳。於國民政府之下。除與現行法令牴觸外。仍能一律援用。惟其全文僅散見於歷年之政府公報。坊間刊本。不過節取其中之片語耳閱者斷章取義。誤會原意之處所難免也。編者每引以爲憾。憶嘗爲某號解釋。僅見其要旨。致與友人辯論終日。不獲解決。欲求該號解釋之全文參閱。一時不可易得。乃向各處搜索歷年政府公報。而又多殘缺不完。卒窮數日之奔馳。始於某處檢出。不亦勞乎。今歲覓得有自民元至近年之北京政府公報。完全無缺。遂認爲搜集大理院解釋之最好機會。爰同友人日事搜檢。經數

图 18－2　郭卫撰《大理院解释例全文》编辑缘起

①《申报》1932 年 9 月 6 日，第 21343 号，第 1 版。

② 参见会文堂新记书局编：《法学编译社会文堂新记书局目录》，会文堂新记书局 1933 年版，第 5 页。

> **編輯緣起**
>
> 余前編輯大理院解釋例全文於出版後法學界均認為便利紛紛來函以編輯前大理院判例相屬惟判例之編輯較解釋為難蓋解釋有號數可循循驥可抵遺漏者判例則自元二年以來積十餘年之久不下若干萬篇既不能全數刊出亦未便任意取舍雖元年至八年及八年至十二年以後即朱續行發表如僅從要例要旨匯覽正續兩集而十二年以後即朱續行發表如僅從要旨中採取仍不完備且要旨中復有前判後判而變更者更難統一現因副法學界來函諮公之雅意思勉從事時遂牛載除取材於大理院判例要旨匯覽正續兩集外並搜集十二年以後之大理院判例予以補充廣自開院時起至閉院時所有歷年判例均獲完全雖其中有因新法頒行而不能適用者而能供

图18-3 郭卫撰《大理院判决例全书》编辑缘起

郭卫编纂的重要法律文献还有《中华民国六法理由判解汇编》，这也是一部大部头法律资料，除将当时的六法及239部单行法规一并收录外，所有"原案理由、判例解释例、与法律条文有关系之各项命令"均予以逐条编入，集"应用法例之大成"。在民国后期吴经熊主编的新版本出版之前，郭卫所编的这部书一直是民国六法汇编中最权威的版本。有学者统计会文堂新记书局1933年在《申报》做的图书广告内容，发现2月、4月、6月、8月均有《大理院判决例全书》《大理院解释例全文》的广告内容，《中华民国六法理由判解汇编》则自 6 月至 10 月每月均刊广告①,为会文堂该年于《申报》广告次数的前二。10 月 22 日宣传《中华民国六法理由判解汇编》的广告尤为夺目,采用了整版广告的形式,足见这三本大部头既在法学研究与法律实务层面上极为重要,也是出版机构商业上的宣传销售重点。

高频长久的编读往来

编书之外,郭卫还编期刊,他在上海编译社编辑出版的《法令周刊》是民国时期最重要的法学期刊之一。《法令周刊》创办于 1930 年 9 月,由上海法学编译社出版,除 1935—1937 年三年由吴经熊担任编辑外,一直由郭卫担任编辑,1937 年因日寇侵华、国府迁都而停刊;1945 年 10 月复刊后,郭卫继续担任编辑,直至 1948 年 12 月 15 日出版最后一期,即总第 537 和 538 期合订本后停刊。

图 18-4 吴经熊

借助郭卫和上海法学编译社的名气,《法令周刊》创办

---

① 参见吴平、李昕烨:《在追随大势中找准姿态——会文堂新记书局的出版特色和图书广告营销》,载《中国编辑》2016 年第 5 期,第 82 页。

之后就有很大的反响。起初，《法令周刊》设法规、命令、法令杂谈、法律解释、判例、统计等栏目，主要以宣传现行法令为主。随着读者写信给周刊，希望对于法律适用中的疑难问题予以解答，郭卫组织编辑逐一答复，"半年间已答二百余问"①。这些法律疑问由读者提出，往往与民众的日常生活息息相关，譬如1930年第17期《法令周刊》的法律质疑解答中，就涉及略诱潜逃、不动产买卖、初级管辖和地方管辖等实体问题或程序问题，《法令周刊》在往复解答的过程中，很大程度上推动了日用法律常识的普及。在移交吴经熊编辑之前，《法令周刊》常设的"法律质疑解答"栏目共登载了1041则对读者来信的法律问答。

民国时期的很多报刊都有编读交流的专栏，以法律为主题的问答也不少，如《女子月刊》集中女性法律问题的"法律问答"，《实业界专刊》集中商业问题的"法律问答"等，但像《法令周刊》这样高密度、长久性的编读往来，是极少见的，至少在法律刊物中是独一无二的。

鉴于《法令周刊》和郭卫的影响力，立法院院长孙科、司法院院长居正、上海市长钱大钧等近代法政界大佬都为周刊题写过刊名。同时代的另外几本法学期刊，如《法律评

---

① 郭卫：《一年以来之本刊》，载《法令周刊》1931年第二次特刊，第1页。

论》《中华法学杂志》《法学季刊》等都有法学院或法学会的雄厚人力物力支持,《法令周刊》只靠主编个人强大的组织能力维持,郭卫的编辑能力和组织能力可见一斑。

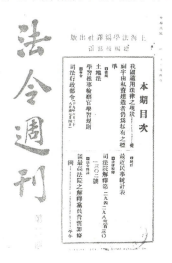

图 18-5　郭卫编《法令周刊》

笔耕不辍的法律学人

郭卫个人的研究旨趣集中在中华传统法律,他曾撰写《中国旧律之检讨——历代法典之嬗递及刑制之变迁》(载《中华法学杂志》1936 年第 3 期)、《清律名例》(载《中华法学杂志》1936 年第 4 期)、《清六律之检讨》(载《法令周刊》1947年连载）等文。郭卫尤其执着于传统刑罚中"流刑"的现代应用，在几次刑法修改中，郭卫都提出这个建议，他认为这个中国传统法律特有的制度有自身的合理性，虽然现在的交通较古代社会便利，流刑的惩罚性降低了，但流刑对于垦殖边远地区、增强犯人劳动人格仍具有不可比拟的作用。他建议尽早在西北设立流人管理局，划定流人片区，改造监犯、巩固边防。正是由于郭卫等许多法政学人的呼吁，才有了国民政府在抗战时期大力推广的刑罚与垦边结合的"外役监"。

不再担任法学编译社社长的郭卫，一直在江浙地区讲学并从事律师事务，1936年4月，郭卫被任命为江都地方法院院长，但几个月后就主动辞职。对于这位法政界风云人物的辞职，社会上传闻很多。有人认为是他对司法行政事宜没有兴趣，准备参选国民大会代表，所以辞去法院院长职务。但另一说法更具戏剧性，据说郭卫原字香初，在原籍常宁县任团防局长时，处决了湖南省议员杨朝恒、湖南审计院书记易荣甫等人，被害家属质疑此案既无犯罪告发，也不经审判或呈经核准，处决后也没有宣布罪状或呈报备案，认为是草菅人命，因此要求政府查办，为了躲避常宁县政府的通缉，郭卫才跑到上海，改字元觉。当时交通信息不便，被害家属无从知悉。郭卫被任命为江都地方法院院长后，被害人易荣甫之子易本参得知此事，立即向司法行政部及监察院呈请查办，司法行政部函问处理。郭卫为了防止事态扩大，主动辞职，"弃官潜逃"。①

由于民初史料缺失，郭卫这个"黑料"的细节已不可辨，此事也无后续报道。郭卫在回忆自己生平的《五一自述》中，并未避讳自己在常宁县担任团防局长的经历。② 自江都法院辞职后，郭卫也一直编书、任教、做律师，参与政治活动，并无回避个人历史的"潜逃"之举，四十年代郭卫还代表律师界参加了全国司法会议，于政于学都十分活跃，这个黑料对郭卫并无影响，大概率是借势炒作。

郭卫擅长编，也擅长写。《法令周刊》每一期都有他一篇笔谈文章，从新法律的颁布到社会上的热点事件，抑或是政治新闻、国外局势，他都及时点评，有时还会写些短篇小说。这样一位笔耕不辍、编书不倦的法律人，为当时法律知识普及、为后世史料整理研究所作出的贡献，是近代其他法政人物都无法比拟的。郭卫，连同上海法学编译社、会文堂新记书局，理当成为近代中国法学出版史上值得记住的名字。

---

① 参见《郭卫在原籍被控杀人案》，载《申报》1937年4月6日，第7版。
② 参见郭卫：《五一自述》，载《法令周刊》1945年复刊第1期，第19—20页。

19

民国时期的法学四大刊　徐谦　谢冠生等

◉ 近代的法学期刊

近代中国最早的一本法政刊物应该是留日学生在1900年创办的《译书汇编》(The Yi Shu Hui Pien: A Monthly Magazine of Translated Political Works)。在"发行趣意"中，编者谈到创办这本刊物的用意，是国家改革"宜取法欧美日本之制度"，但"各国之制度，非可徒求诸形迹，要当进探乎'学理'，否则仅知其当然，仍不知其所以然。盖各种之经营结构，莫不本乎'学理'之推定。而所谓学理者，盖几经彼国之巨儒硕学朝考夕稽,以得之真谛也"。① 《译书汇编》出刊三年,于 1903 年改名为《政法学报》,发行八期后停刊。

图 19-1 《译书汇编》,1903 年改名为《政法学报》

此后,1908 年,马德润和周泽春在德国创办《法政介闻》,1911 年国内的《法政杂志》《法学会杂志》也先后创刊,这些刊物大多在民国初年因各种原因停办。若论近代持续时间较长、影响力较为持久的法学刊物,应该是朝阳大学主办的《法律评论》、中华民国法学会主办的《中华法学杂

---

① 《译书汇编发行之趣意》,载《译书汇编》1902 年第 2 卷第 1 期,第 1 页。

志》、东吴大学主办的《法学季刊》和郭卫在上海法学编译社办的《法令周刊》。

《法律评论》

1923年7月，江庸在北平创办《法律评论》，看在江庸的面子上，民初的几任司法总长张耀曾、梁启超、章宗祥、林长民都给刊物题了词。江庸独自办刊三年后，因为经费和稿源的问题，邀请了刘崇佑、汪有龄、林行规、石志泉一起主办，1927年，朝阳大学接办，组建法律评论社负责刊物运行，仍由江庸任社长主持《法律评论》。南京国民政府成立后，《法律评论》由北平移至南京，出版到1933年9月30日第520期，又迁回北平，南京改设分社。从第521期起，朝阳大学出版社陶惟能负责刊物出版，李祖荫接任主编。1937年抗战全面爆发，出版至第727期的《法律评论》停刊。抗战胜利后，《法律评论》于1947年7月在南京复刊，校友李景禧为主编，由居正担任名誉社长，夏勤任社长，1948年8月《法律评论》出版第777/778期合刊后停刊。

图19-2　1947年复刊的《法律评论》

《法律评论》以周刊形式发行，总计出版了778期，其间有双周合刊，也有临时改为半月刊，还有因为迁址导致的短暂误期，但总体而言保持了比较固定的出版周期。《法律评论》的主要栏目有时评、论说、法律质疑、法界消息、外国法制新闻、新判例、外国判例、新法令、新解释等，余棨昌、刘志扬、戴修瓒、李浦、王觐等法学名家都曾解答读者的法律质疑。1947年，《法律评论》还多次发行了学术专号，如740/741合刊的"法学方法论"专号、777/778合刊的

"物权法"专号。

如果一定要对民国法学刊物排名,《法律评论》排在第一位是争议最小的。一方面是因为《法律评论》的出刊期数在民国法学刊物里最多,另一方面,《法律评论》依托于朝阳大学,而朝阳大学的影响力在民国时期几乎无人能及,朝阳大学的校友遍布全国法院,以至有"无朝不成院"之说。从办刊风格上看,《法律评论》注重理论和实务的结合,既有对世界最前沿法学理论的介绍和研究,又有对司法实务中法律适用的个案探讨和法条分析。《法律评论》的主要作者包括高维濬、胡长清、谢光第、郁嶷、吴学义、聂重义、李祖荫、罗鼎、蔡枢衡、王去非、陈瑾昆、王世杰、郑天锡、王凤瀛、邵修文等人。这些人中,高维濬是浙江永嘉地方审判厅推事,聂重义是南京最高法院推事,罗鼎是京师高等审判厅推事,王凤瀛曾任大理院推事、修订法律馆纂修,邵修文先后任河北、河南和山西高等法院院长,王去非是上海地方法院推事,都是法律实务界的学者型官员。至于胡长清、吴学义、蔡枢衡、陈瑾昆、王世杰、郑天锡等人,更是法政理论与实务界的一时翘楚。所以这本刊物的丰富内容,满足了几乎所有法律人的阅读需求,较之其他刊物,覆盖面和影响力都更广。

《中华法学杂志》

另一本重要的法学刊物是带有半官方性质的《中华法学杂志》。这本由中华民国法学会主办的法学刊物,最开始是由谢冠生个人创办的。

谢冠生,浙江嵊县人,父亲谢匡 17 岁县试第一,18 岁娶妻,隔年生子,故而取名冠生。谢冠生三岁时,谢匡英年早逝,祖父谢韵山为求平安,又为其取名寿昌。谢韵山是嵊县有名的商人,因此谢冠生自小就好游历和阅读,小时就读上海徐汇公学并以第一名的成绩毕业。1914 年,17 岁的谢冠生考上北京大学,但因为家族生意衰落,祖父不愿意其远离,故而放弃就读北大而在老家结婚成家。1918 年谢冠生有了积蓄后进入震旦大学,1922 年毕业并赴法留学。1924 年,获巴黎大学法学博士学位,并结识了此时正居巴黎的王宠惠。回国后先任复旦大学、中央大学等高校法学教授,后进入国民政府外交部条约委员会任职。1930 年 4 月司法院院长王宠惠聘谢冠生担任司法院秘书长,其后谢冠生便一

图 19-3 谢冠生

直在司法行政部门任职，编著有《战时司法纪要》等多部司法著作。谢冠生在担任司法院秘书长后不久，就发起创办了这本《中华法学杂志》。

《中华法学杂志》为月刊，1936年中华民国法学会成为主办单位，在法学会主办的第一期就提出了"建立中国本位新法系"的命题，并以重建中华法系为中华民国法学会及《中华法学杂志》的宗旨。《中华法学杂志》由中华民国法学会主办后，先后由正中书局和大东书局发行。根据其罗列的编辑委员会，夏勤和吴祥麟先后担任主任委员，盛振为和杨幼炯先后担任副主任委员。主要栏目包括：论著、译述、判解研究、法学丛谈、法学时报、书报介绍与批评、会务消息、法讯、新法规。《中华法学杂志》还不定期地组织专号，如1944年的宪政问题专号，1945年的国际法专号、中国法治问题专号，1946年的宪法专号等。

《中华法学杂志》冠以"中华法学"之名，其风格也着重于法学理论研究。作者群体除居正、谢冠生、孙科、王用宾等司法行政高官外，更多为法学理论界学者，如张企泰、吴祥麟、杨幼炯、张知本、李浩培、夏勤、史尚宽、洪兰友、杨兆龙、梅汝璈、谢怀栻等。

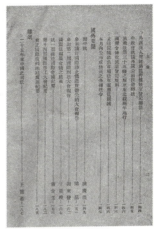

图 19-4 《中华法学杂志》创刊号

《法学季刊》

和朝阳大学齐名的东吴大学，其主办的《法学季刊》则颇具英美法系的风格。

《法学季刊》比上述两本刊物的创办时间都更早。1922年4月，东吴大学法科学生会以中英文合刊的方式创办《法学季刊》，英文名为"The China Law Review"。东吴大学法科教育以英美法、比较法为主，这一特点集中体现在了这本刊物上。徐谦在发刊词中说，"中国南部之讲比较法学者，当于东吴法科大学首屈一指"，"吾人之研究法学，岂徒欲从解释

图19-5 徐谦

上讨生活而已。盖必探源于立法,而有为全人类谋适用之眼光焉",并将其作为《法学季刊》的宏旨。在宣言中,《法学季刊》说明最注重者有四:"一、介绍法学上的重要学说;二、研究关于法律上的具体问题;三、将中外同种类的法学问题合并起来作分析比较的研究;四、择优翻译关于法学上的名著。"1931年10月发行至第5卷第1期时,杂志社将中英文分开刊行,成为两份刊物。中文部分改作双月刊,每年共6期编为1卷,更名为《法学杂志》,英文版沿用原名,仍季刊发行。两刊物在国内外继续保持相当大的影响力,直到1941年因抗战停刊。

《法学季刊》与前述刊物不同,由于注重英文部分,所以编辑部一直分中英文两个组以及有丰富英美法经验的法学博士顾问组。1924年的编辑部中文部成员为汤宗威、孙祖基,英文部为富纲侯、梁鋆立;1926年中文部成员为丘汉平、傅文楷,英文部为黄应荣、高维廉;1927年中文部成员为姚启胤、何襄明,英文部为李浩培、顾永全。《法学季刊》的栏目包括:社论、专论、译述、专著、演词、法界新闻、新法规、新判决、Current events、Thesis(中文论文译英)、Book review、Supreme court case。作者群体以东吴大学教师为主，包括陈霆锐、王凤瀛、陆鼎揆、丘汉平、张正学、孙祖基、董康、吴经熊、沈锡庆、苏希洵、罗鼎、朱鸿达、周鲠生等。中文版的《法学杂志》的栏目包括：社论、专著、译丛、书评、新法规、法律解释、法界新闻。作者群体包括丘汉平、孙晓楼、曹杰、章渊若、刘世芳、郑保华、杨兆龙、陈晓、赵琛、薛光前、董康、李景禧、燕树棠、史尚宽、吴学义。该刊还组织了五次专号，分别是：1933年2月出版的劳动法专号，1934年1月和3月出版的法律教育专号上下编，1935年出版的司法制度专号上下编，1937年出版的检察制度专号，1940年和1941年出版的比较宪法专号上下编。

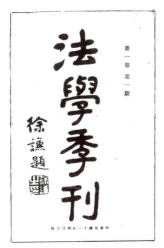

图19-6 《法学季刊》创刊号

● 《法令周刊》

与前述三本刊物有法学会或法学院的背景不同，《法令周刊》是由郭卫以上海法学编译社为依托运行的。也正因为如此，《法令周刊》并不强于理论研究，刊载的法学学术论文并不丰富，而是侧重法律实务的需求，侧重及时刊载法令，解释新法律。

1930年7月2日，第一期《法令周刊》在上海法学编译社出版，周刊以宣传法令为宗旨。于1932年6月8日的第101期刊出办刊启事，再次强调以注重实用为目的。1935年1月2日出版第235期后，随着郭卫去职，上海法学编译社聘请吴经熊、俞承修接任主编，1937年周定枚任主编。到1937年11月，《法令周刊》出版至383/384合刊，因抗战中断发行。1945年10月10日复刊后郭卫重新接任主编。《法令周刊》作者群体主要是编辑部的郭卫、王效文、俞承修、吴传颐、郑保华、吴经熊等。《法令周刊》早期栏目主要有论丛、译述、研究及析疑、法令、法讯、解释、裁判等，抗战胜利复刊后的栏目更具实用性，主要栏目有司法行政部命令公牍、司法院解释全文、最高法院判例要旨、公共研究，几乎没有大篇幅的法学学术论文。这与前述三本法学刊物形成了鲜明的对比,也使得这本依托出版机构的法学刊物保持了自己的内容风格,订阅广泛,其实用性受到法律人士的好评。

办刊的经验

这四本刊物的特点非常明显:从办刊风格来看,《法律评论》倾向于大陆法系的法学研究,并注重指导司法实践;《中华法学杂志》重视固有法制的研究,以图重建中华法系,风格偏纯理论研究;《法学季刊》则倾向于英美法和比较法的理论研究和案例研究;《法令周刊》则更侧重于法律法规的及时传播和对实务中法律问题的解释。从办刊主体来看,当时最重要的一个法学会、两个法学院和一个出版社都有自己的法学刊物。中华民国法学会的政治色彩较为明显,这也是《中华法学杂志》极力倡导重建中华法系的原因。"北朝阳南东吴"的两本刊物分别代表了当时我国大陆法系和英美法系研究的最高水平。而上海法学编译社作为当时最著名的法律出版机构,其主办的法学刊物同其编辑的其他法律书籍一样,一直是民国时期重要的法学出版物,是当时法政人的案头书。

虽然同时期的法学刊物还有很多,譬如当时几乎所有的法学院都有自己主办的刊物，但大多三四年就因各种原因停办了。一般来说，办刊会遇到经费不足、人手不够、稿源堪忧三个难关，民国时期还有第四个难关就是战争带来的不得不停刊。这四本法学刊物也都经历了这些困难，但都在主办者的努力下存续下来，成为近代法学研究和法律传播的重要载体，并形成了自己独特的风格。如果总结这四本法学刊物的经验，其实就是两个词："特色"和"坚持"。找准刊物的定位，办出自己的特色和风格就是成功的第一步，而当经费紧张、稿源缺乏时，甚至大环境困难时，则更需要努力坚持，徐徐图之。

时代在变，道理未变，现下法学刊物的办刊困境也无外于此。受制于转引率的压力，期刊越来越趋于发表短平快的选题，客观上造成法学刊物走向同质化的现象。如何办出自己的风格，于众多的法学刊物中脱颖而出，在若干年后的中国法学史上留下可供参考的文献，恐怕是许多法学核心刊物努力的方向。而对于一些新办法学刊物和法学集刊而言，还得面临经费、人员、稿约和环境四个难关，如何找准定位、坚持下去就成为更为重要的问题。

中西之间

20

指纹法的学派之争　夏全印　夏勤等

指纹在近代中国

虽然有"中华指纹天下先"的说法,但指纹在中华法律史上更多是发挥人身印信的功能,多出现在契约、婚书、供状等法律文书中。刑事侦查意义上的指纹识别伴随着晚清近代警政制度和技术的革新而出现,在这个变革中,两个因素对指纹制度的发展起到了关键作用。

第一个因素是社会对指纹在内的刑侦手段的接受。从晚清开始,大量的西方侦探小说译入国内,仅《福尔摩斯探案集》就多达几十个译本,还有包括《双指印》在内的专门以指纹展开的侦探叙事，这些小说译本将包括指纹鉴定在内的西方刑侦技术渲染传播，使得社会大众较快地接受甚至期待这些西方科学技术在犯罪侦查中被付以应用。这种西方侦探小说甚至将指纹的识别作用予以神化。在1912年第一次全国司法会议上，参会代表田荆华提出建立个人指纹的识别制度，举了一个"真实"案件，说日本正金银行被盗银圆数万元，案件一直未能侦破，一年后，办案人员在北海道偶遇一人正在饮酒，从酒杯上发现此人的指纹和案发现场的指纹一致，从而破获此悬案。① 这个表述显然有杜撰成分，但与会诸多学者均未质疑，且对制定指纹法均无异议，可见当时全社会对于指纹作为刑侦手段的普遍认同。

另一个重要因素是多位学者等有识之士的推动。1936年，司法行政部、内政部决定共设指纹调查委员会，选聘夏勤、夏全印、梁汉承等三名指纹专家充任专门委员。② 此三人中，梁汉承系胶粤商埠指纹讲习所毕业，曾充文牍、指纹教官，以及宪兵司令部技术室主任，名气较小③，另外两

---

① 参见刘昕杰、陈佳文等整理：《民国时期全国司法会议记录汇编》，法律出版社2023年版，第106页。
② 参见《内政部、司法行政部公函：警字第零零一二七九号，公字第二四三号》，载《司法公报》1936年第107期，第29页。
③ 参见中共南京市委党史工作办公室、南京市档案馆编：《南京调查资料校注（下）》，南京出版社2019年版，第722页；贵州省安顺市政协文史资料研究委员会编：《安顺文史资料选辑·人物史料专辑》（第9辑），1983年，第127页。

人,即夏勤与夏全印,则是中国指纹法进程中的两个关键人物。

夏勤,原名夏惟勤,字敬民、竞民,江苏泰县人。1918年,他根据朝阳大学的授课讲义汇编出版了中国第一部指纹法著作《指纹法》,全书分概论、沿革、分类、符号、捺印、存查和实例七章。出版之后,有论者赞叹道:"夏子为江南志士……著《指纹法》一书,海内风行,叹为创作,其学理经验,两俱渊富,实为时贤中所不易观也。"①

图 20-1 夏勤编《指纹法》

---

① 夏勤、郁嶷编:《法学通论》,朝阳大学出版部 1919 年版,"序一"。

夏全印,江苏六合人,毕业于南洋大学。1909年,英国在上海工部局巡捕房实行指纹法,1918年夏全印受派于京师警察局总监吴镜潭,前去上海工部局手印间专门学习指纹法并实地练习,学成归京后,又搜罗英美法日德奥俄等国各种指纹专书①,在1922年和1926年先后出版《指纹学术》与《指纹实验录》两书。夏勤的著作偏重理论,夏全印的著作则偏重技术,如果说夏勤最早将近代指纹法引入中国,那么夏全印就是最早开始指纹实践的法律人。1926年6月1日,《申报》刊登了一则名为《指纹竟破获悬案》的消息,提到去年冬天北京东交民巷有洋行遭窃,经"北城扁担厂指纹鉴

图20-2 夏全印编《指纹实验录》与《指纹学术》

---

① 参见夏全印:《指纹学术》,内务部警官高等学校1924年版,"自序"。

定事务所指纹师夏全印,前往检视,当在犯事地点,发现指纹四处",后各地缉获人犯的指纹均与案无涉,案件陷入僵局。后来,巡捕局缉获一位行窃未遂的俄人,夏全印受邀去提取指纹,发现与洋行遭窃案件取得的指纹之一完全相同,得以破获悬案。可见,夏全印既有深厚的学养,也富于实践经验,难怪有时人称他为"指纹学之先进者也"[①]。在夏勤、夏全印等人的推动下,现代意义上的指纹法已经在二十世纪二十年代完整地传入了中国法律界,并在实务中有所运用。

指纹法的两夏之争

在当时世界各国的指纹标准中,存在着英国的亨利法(Edward Henry)、阿根廷的佛斯谛克法(Juan Vucetich)、德国的汉堡法和法国的爱蒙培尔法(Edmond Bayle)这四种主要的指纹方法,不同的方法对于指纹的识别方式和采集标准不一样。1913 年,民国政府开始采用佛斯谛克法,施行于各省新监,"其后南京、上海、北平各警察厅及宪兵司令部,相继施行指纹法,其中有用亨利式者,有采用爱蒙培尔式者,近年来更有自创一式者"[②],呈现

[①] 黄影呆:《谈指纹术》,载《申报》1926 年 6 月 1 日,第 17 版。
[②] 《内政部、司法行政部指纹调查委员会工作报告(第一次)》,载《法医学季刊》1936 年第 1 卷第 3 期,第 103 页。

出一派亟待整顿的混乱局面。夏勤和夏全印虽然都对指纹法的传入起到了重要作用,但不幸的是,由于二者所崇指纹法的"法式"不同,导致二人对指纹信息采集、保存和识别活动的认识都不统一。二人之拥趸遍布民国法政检验系统上下,两派各奉圭臬,互不相让,故直至民国后期才形成统一的指纹法标准,大大影响了指纹作用的发挥。

夏勤在朝阳大学讲授指纹分析方法时采用汉堡法,由于朝阳大学的学生分布于各地法院或者司法行政系统,形成了庞大的师承系统,加之夏勤担任过最高法院院长和司法行政部部长,因此民国的司法系统在讨论统一指纹制法时选择采用汉堡法。

图20-3 夏勤

图20-4 夏全印

夏全印则推崇英国的亨利法。他曾担任内务部警官高等学校指纹专科的授课老师,培养的三百多名毕业生分散在各地警察部门,所以民国的警政系统多采亨利法。由于夏全印以亨利法为基础所著的《指纹学术》一书影响深远,有论者在1935年称:"现在指纹学书籍系以夏氏这一部在上海学习所得而能浑融贯串的著作为最普遍。"①

夏勤和夏全印学习西方不同的理论学说、位居不同的政府部门、形成不同的师承关系,从而让全国难以采取统一的指纹制度,由于刑事鉴定涉及警政和司法部门的衔接,所以两派的隔阂让指纹法的作用无法充分发挥。双方都认为应当采取统一的标准,但到底以谁为主一直争论不休。

1935年,夏全印在全国司法会议中请求以自己研习的亨利法作为统一标准,认为理由有三:第一是警察机关多采用亨利制,司法机关委托警察机关办理指纹更为便捷。"如果指纹制统一,则司法机关之指纹事件,可由最近公安机关办理,其敏捷便益,可预卜也";第二是采用亨利制是与国际接轨的需要。"英美等三十余国,多数采取亨利爱德华制,无论行政、司法,一律援用,其制之良,可见一斑。"司法机关欲采用的汉堡式与英美各国现行指纹制不合;三是因为警官高等学校已依照亨利制培养毕业生三百余人,经前内务部分发各省公安机关服务者,为数甚多,"采用斯制,均有

---

① 上海通社编:《旧上海史料汇编(上)》,北京图书出版社1988年版,第106页。

成效，久为社会所赞许"①。最后，这一《请统一指纹采用亨利爱德华制指纹法案》交予司法行政部参考。

"中华指纹法"的昙花一现

在夏勤与夏全印两派之外，还有一位理论创新派的代表刘紫菀。刘紫菀也是当时研究指纹法的著名学者。1926年，刘紫菀赴日留学时专门在警察读习所研究指纹学，1927年，他以各国指纹法为基础，加入中华传统指纹的一些元素，创立"中华式指纹法"，著成《中华指纹学》一书，他在自序中说：

图20-5 刘紫菀

> 研究德、奥、英、美等国指纹法，时思另创一制，以施我国，而免致贻笑他邦。……尤感各国指纹，乃依指纹特征及习惯关系，而各别发明其式样也，故无能适用于我国者。况值此科学时代，尤须先进，若仅图步其后尘，尤有莫及之慨。②

---

① 刘昕杰、陈佳文等整理：《民国时期全国司法会议记录汇编》，法律出版社2023年版，第970—971页。
② 刘紫菀：《中华指纹学》，上海法学编译社1931年版，"自序"。

图 20-6 刘紫菀著《中华指纹学》

按其说法,他所创之"中华法"与亨利法、汉堡法不同,而是融合了英国、奥地利、法国、德国诸多方法并结合中国风俗习惯而成。刘紫菀已察觉两夏推行指纹所依靠的是警政系统和司法系统的学缘关系,于是想到另辟蹊径,在1928年邀集同行十五人,在内政部呈请备案后成立"中华民国指纹学术研究会",并担任会长,通过这一全国性的学术研究组织推广自己的中华法。

不过,以中华为名的指纹法遭到了实践者的强烈抨击。一篇可称之为"民国最具批判性的书评"就对这本书进行了无情的批判。作者净禅批评刘紫菀"强不知为已知,似觉欺人太甚",导致这本指纹法著作"误谬之处过多,实罄竹而难书","全书除第一部分析,尚见思想周密外,其余实觉无一是处",他讽刺道,"刘君苟欲谋中华指纹学之继续存在,不致贻笑他邦(根据刘氏自序中语)则最低限度,应将错误之点,从速改正。以免自误误人!倘能以留学生之资格而摒弃一切外务,专心致力于指纹,则五年十年之后,当知今是而昨非矣!"① 夏全印也在呈报公文中写道,"刘紫莞(菀)之中华式指纹法,按刘系淞沪侦探学校六个月毕业者,更属滑稽之至,其法之如何,实无讨论之价值也"②,对刘氏及其创立中华指纹法不屑一顾。

刘紫菀所创的指纹法以"中华式"自称,寻求中央决策者支持,并依托成立"中华指纹法学会"推行这一并不科学的方案,收效甚微,在指纹理论史上也仅昙花一现。相较于英、德等国的指纹法,"中华式指纹法"缺乏科学依据和实践,在对待科学的问题上,并不是"自称"传统,就能够超越科学规律。在科学领域不尊重客观规律而诉诸民族主义,终究经不起实践和历史的考验。

---

① 净禅:《评刘紫菀著中华指纹学》,载《现代警察》第 1 卷第 4 期,第 114 页。
② 刘昕杰、陈佳文等整理:《民国时期全国司法会议记录汇编》,法律出版社 2023 年版,第 971 页。

21

《洗冤集录》遭遇法医学　林几等

● **对《洗冤集录》的质疑**

　　古装侦探剧中一个颇为经典的桥段就是"银针验毒"，现代司法鉴定自不会采用此种鉴定方法，但古代的司法鉴定中，以银针是否黑化推断当事人是否中毒的判断方式，不仅为人们所信服，还有其法定依据，即宋慈的《洗冤集录》。经过多部古代刑侦剧的演绎，宋慈几乎已经成为家喻户晓的神探。历史上，宋慈的确是中国传统法医学的标志性人物，他所著的《洗冤集录》是中国古代最具权威的法医学著作。甚至可以说，这部成书于南宋时期的著作代表了当时世界法医学的最高水平。不过随着十六世纪以后西方现代科学尤其是现代医学的快速发展，欧洲的法医学进入了快速发展时期。与此相对，中国自南宋以后，《洗冤集录》一直是司法鉴定的官方指南，虽有校正，但基本内容仍被视为圭臬，导致数百年来的中国法医学发展一直处于停滞状态。晚清以降，随着西风东渐以及法医检验事业的发展，国内一些有识之士开始质疑《洗冤集录》的内容。

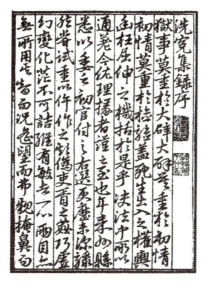

图 21-1　《洗冤集录》序

图21-2 傅兰雅

1899年,由英国人傅兰雅口译、赵元益笔述的《法律医学》一书由江南制造局出版,这是中国第一部现代意义的西方法医学译著,出版后被国人誉为"西法洗冤录"。1909年,日本人石川清忠原著,王佑、杨鸿通编译的《汉译实用法医学大全》在东京出版,此书经学部审定、法部和大理院鉴定,更具影响。清廷出使日本国参赞大理院权事张元节在此书的译序中提到"我国旧时之洗冤录,或涉虚造、或尚迷信,而无科学之实验,已大半不适于用",这是官员最早公开对《洗冤集录》提出全面的质疑。

1911年,日本田中祐吉著《近世法医学》一书,由丁福保编译在上海文明书局出版,这本书体系完整,内容精炼,实用性较强,1932年经上官悟尘重译、顾寿白校订后在商务印书馆再次出版。在这书的序言中,译者上官悟尘也提到,"(《洗冤集录》)其所观察,亦仅基于经验而已,非如今之法医学方法之精密也,两者所异,要在科学根据之有无",也指向了《洗冤集录》的科学性问题。

谈论到对《洗冤集录》的质疑还需要提及一人,就是来华的德国医生欧本海(F. Oppenheim)博士,1921年他来华任同济医工专门学校医科病理微菌学教授。1922年,上海地方检察厅设立验尸院,聘请欧本海担任主任,欧本海称只要给同济医科学生参观的方便,可以义务参与而不取酬。1924年,同济与上海检察厅签订检验尸体合同。当时社会对解剖尸体并未完全接受,有人登报对此严厉批评,称人民见到被剖验之尸体无不骇然色变,言下之意,还是维护旧传统为宜:"《洗冤集录》所载验尸各则,以若何之方法得若何之结果,功效历历,真可按图而索……即民国成立后,各地法院以《洗冤集录》之参考而得平反之案件,亦指不胜屈。"[①]但新知的推广确也往往要经历这样的曲折和反复,一年下来"报验尸体不下三四百",对上海的刑事案件的审理发挥了重要作用。时人"痛恶检验吏之弊谬及洗冤录之不甚合用,又值提议收回治外法权之际,倘吾司法界仍用洗冤录判断命案,必授外人以口实,极力主张采用欧美各国新法检验,以为收回治外法权之整备"[②]。

---

① 陈奎棠:《律师陈奎棠请弗剖验之呈文》,载《申报》1925年7月16日,第16版。
② 《同济大学发表与上海检察厅订立检验尸体合同之经过事实》,载《申报》1925年8月9日,第15版。

1924年，欧本海和一位来自浙江绍兴的学生助理杜克明（字尔晦）对《洗冤集录》的错误进行纠正说明，并交给了司法部。这篇两人联合署名的意见同时刊登在《法律评论》上，并被其他一些法学和医学刊物转发，引起较大反响。在这份《同济医学校教授对于洗冤录之意见》中，欧本海提出了洗冤录的20条明显错误，最后一个即为银针验毒，指出其科学错误之处后，更是从方法论上作出否定："总之毒物之种类甚多，验之之法亦须随物而异，决不能以一成不变之定法，施用于任何毒质之检验也"。欧本海说这些"不过是略述数例，固未将所有误点一一指出"，"是书所载各法，多已陈旧"，"时代进化，民智日开，作奸犯科之阴谋亦因缘而递进，而社会状态与事物又复迭有变迁，检验之事，非特不能墨守成规历数百年而不变，且应增条项以合现世之事情，是则洗冤录一书，即令将原有各条悉行改善，亦仍不敷今日之应用也。"①

欧本海还在《同济杂志》上撰写了不少法医学论文，引介了不少法医学基本概念和方法，并创建了宝隆医院行医。1926年在合同将满时不幸患病，不久去世。

---

① 欧本海、杜克明：《同济医学校教授对于洗冤录之意见》，载《法律评论》1924年第63期，第18—20页。

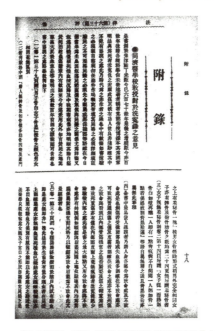

图 21-3 《法律评论》刊载《同济医学校教授对于洗冤录之意见》

林几开创中国近代法医学

尽管当时的人们对《洗冤集录》开始有所怀疑，但我国法医近代化的司法检验知识系统和司法检验体系仍未能够真正建立。这种情况一直持续到另一位中国法医学标志性人物的出现，这个人就是近代中国法医学的创始人林几。

图 21-4 林几

林几,字百渊,福建福州人,因父亲林志钧曾任司法行政部参事,自小接触法政事业,1916年林几赴日本东京帝国大学政法科求学,后因学潮回国。1918年考入国立北京医学专门学校,弃法而学医。他在《司法改良与法医学之关系》一文中或许给出了这个人生选择的答案。他认为,改良法医是司法革新的重要内容,"如不革新这一部分,则一切司法改良,亦不能臻于完善"。

1924年林几赴德国维尔茨堡医学院留学,在这个近代法医学的学术重镇学习现代法医学,1928年以《吗啡与鸦片中毒的毒理学研究》的博士论文获法医学博士学位回国,即被北平大学医学院聘为教授。1931年,林几创立北平大学医学院法医学教研室,这是中国第一所近代法医学教学机构。此后,林几被司法行政部委任为法医研究所第一任所长,创办了第一本法医学杂志《法医月刊》。1943年,林几创办中央大学医学院法医学科。1950年中央大学改名国立南京大学,续招"第三期医学院司法检验专修科"学员,这些学员两年后毕业分配到北京医学院、上海第一医学院以及中山、华西、湘雅等医学机构,成为新中国高等医学院校的第一批法医学师资力量。

相较于同时期的其他法医学者,林几对宋慈《洗冤集录》的评价更为全面和客观。他认为《洗冤集录》比意大利菲得里的《医生关系论》还早350多年,是当时世界最先进的,"吾人固知爱我中华,敬仰古人,佩其理想,艰于创作",只是"后人不能追踪精研,推陈出新,延至今日,终落于人后,不亦悲夫!"这种领先者落后的遗憾让林几在法医学事业中一直抱有奋起直追的急迫性。

林几在1924年的《司法改良与法医学之关系》一文中提到,"现在世界里法医学的进步,常与自然科学并驾齐驱,自犯罪搜索学进步之后,就将人身测定法及指纹法归附于法医;自血清学进步之后,人血及兽血的鉴定就十分便当;自X光发现以后,对身体内异物的测定亦大便利。如此诸端,可知法医学的进步,在今日已有一日千里之势,安能不急起力追,以补助司法的改善呢?"①

在《法医月刊》发刊词中,林几提道:"世之学术,因研究而日新月异;人之行为,随环境而变迁无穷。以科学之方式,判人事之是非,此法医学所以为当务之急需也。"在《法医学史》中他也说:"欧洲当初医学尚未发达之时,法

---

① 林几:《司法改良与法医学之关系》,载《晨报》1924年第12期(六周年增刊),第53页。

医亦属不良。经各方面科学与法医学,相互阐明,始有近来成绩,吾人亦应疾起力追,以图恢复法医学之光荣历史,但是非个人或少数人努力所能成功,须匡合群力,互同督励,共策运用,方能获到良好效果耳。"①

图21-5 《法医月刊》创刊号

1932年法医研究所成立并招收第一届研究员,1935年12月司法行政部授予第一届毕业的17名研究员"法医师"资格,这是我国正式有近代法医师的开端。林几在当年的《法医月刊》"司法行政部法医研究所第一届研究员毕业论文专号"的序言中讲道:"吾国法医,向乏专门研究,墨守旧法。……且传统之检验方法,毫无科学依据,如蒸骨验

---

① 林几:《法医学史》,载《法医月刊》1935年第14期,第6—7页。

伤、银针验毒、检地、滴血等等，一般检验人员，尚奉行如金科玉律；然以学理解答，谬妄殊甚。……吾国法医之改良，尤属当务之急。"①

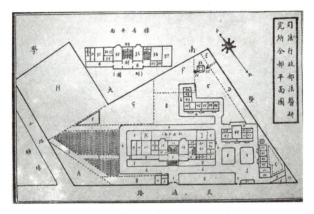

图 21-6 司法行政部法医研究所平面图

银钗验毒的废除

1933年，林几撰写了《检验洗冤录银钗验毒方法不切实用意见书》刊载于《司法行政公报》。在这个意见书中，林几不仅仅是提出一个简单的结论，而是将整个实验过程和结果详细记录下来。最后他提出："用银钗探入尸体口腔肛

---

① 载《法医月刊》1935年第12、13期，"序"。

门验毒一法，实不可用，因使银钗变黑者，并非砒酸铅等毒质之作用，乃富于蛋白质之腐败发生硫化水素之作用。所以中毒者验时，银钗亦可不变为黑，非中毒者验时，银钗亦可变之为黑。如此结果，岂堪再为法律定谳之凭证耶？故应行严禁，不得再行援用。”官方的《司法行政公报》刊行林几的这部意见书，代表着被官方认可了近七百年的银钗验毒方式被正式否定和禁止，以现代医学检测手段判断当事人中毒与否，成为了此后司法鉴定中被采信的法定检验方式。

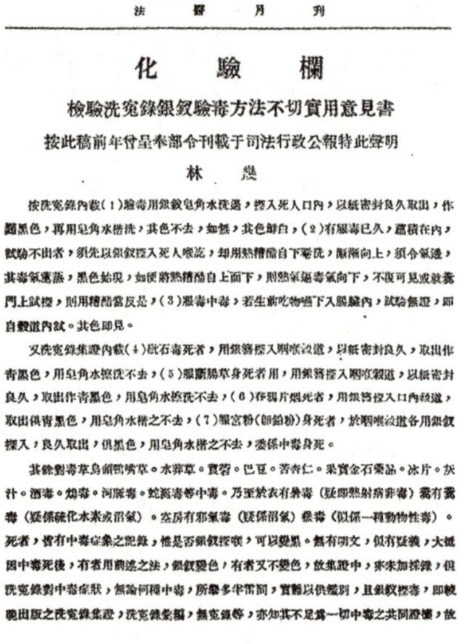
法　醫　月　刊

化　驗　欄

檢驗洗冤錄銀釵驗毒方法不切實用意見書

按此稿前年曾呈奉部令刊載于司法行政公報特此聲明

林　幾

按洗冤錄內載(1)驗毒用銀釵皂角水洗過，探入死人口內，以紙密封良久取出，作青黑色，再用皂角水揩洗，其色不去，如無，其色鮮白，(2)有服毒已久，蘊積在內，試驗不出者，須先以銀釵探入死人喉訖，卻用熱糟醋自下罨洗，漸漸向上，須令氣透，其毒氣薰蒸，黑色始現，如便將熱糟醋自上而下，則熱氣逼毒氣向下，不復可見或就糞門上試探，則用糟醋當反是，(3)服毒中毒，若生前吃物壓下入腸臟內，試驗無證，即自穀道內試。其色即見。

又洗冤錄集證內載(4)砒石毒死者，用銀簪探入咽喉穀道，以紙密封良久，取出作青黑色，用皂角水擦洗不去，(5)服斷腸草身死者用，用銀簪探入咽喉穀道，以紙密封良久，取出作青黑色，用皂角水擦洗不去，(6)吞鴉片煙死者，用銀簪探入口內穀道，取出俱青黑色，用皂角水揩之不去，(7)服宮粉(即鉛粉)身死者，於咽喉穀道各用銀釵探入，良久取出，俱黑色，用皂角水揩之不去，委係中毒身死。

其餘對毒草烏頭鉤吻草。水莽草。黃藤。巴豆。苦杏仁。果實金石藥品。冰片。灰汁。酒毒。煤毒。河豚毒。蛇蟲毒等中毒。乃至於衣有桑毒（疑即熱射病非毒）糞有蠱毒（疑係硫化水素或沼氣）。空房有邪氣毒（疑係沼氣）蠱毒（似係一種動物性毒）。死者，皆有中毒症象之記錄，惟是否銀釵探喉，可以變黑。無有明文，似有疑義，大抵因中毒死後，有者用前述之法，銀釵變色，有者又不變色，故集證中，未來加採錄，但洗冤錄對中毒症狀，無論何種中毒，所舉多半籠統，實難以供鑑別，且銀釵探毒，即較晚出版之洗冤錄集證，洗冤錄彙編，無冤錄等，亦知其不足為一切中毒之共同證據，故

图 21－7　《法医月刊》刊载《检验洗冤录银钗验毒方法不切实用意见书》

当然，一朝废除行之已久的旧传统并不现实，就在林几撰写意见书否定银钗验毒方法的次年 5 月，他收到甘肃高等法院检察处送来的"复验银针验毒案"，原来是某村村民死亡，县长以银针刺入死者肛门，拔出擦洗后针上仍能见到黑斑，县长据此宣告死者系中毒而死。林几检验后发现，黑斑是硫化银，并不能证明死者曾中毒。① 此后类似案件仍然不时发生，林几秉持着科学的态度——检验和回答，某种程度上，这也是他一生事业的缩影——以持久的热情和毅力引领中国的法医学事业奋起直追。

---

① 参见黄瑞亭：《法医青天——林几法医生涯录》，世界图书出版公司 1995 年版，第 55—56 页。

22 监狱改革的试点 杨达才等

监犯移垦的制度

民国时期,由于社会动荡造成监犯大幅增加,而传统监狱被新式监狱逐渐替代后,新式监狱的开支又成为政府很沉重的财政负担。新式监狱缺乏建设经费和管理人员,成为困扰民国新式监狱建设的重要难题。

也正是在这个时期,以内陆人员移垦西北西南边疆,逐渐成为民国政府开发国土、扩展战略纵深的重要国策。一方面,西部边疆人口稀少,亟待开发;另一方面,监所人满为患,亟待纾解。1929 年初,司法行政部考虑到"触犯刑章比比皆是，各地监狱均人满为患"，拟在"吉林、黑龙江、新疆、绥远、察哈尔、宁夏、青海"等地筹划设立新监，选犯垦殖。① 时任司法行政部部长的罗文干还制定了一个《监犯移垦办法大纲》，提出了监犯边修路边垦殖、联通内陆与西北的宏大设想：每批监犯"六百至一千二百人，由各省狱监拨定解至郑州会齐，乘陇海线火车行抵潼关后分作数起步行。每起各相隔若干里，经长安而至甘肃新疆。初发遣之若干批犯人自长安而西应沿途修路，首批抵第一处垦地时即行留垦，由次批接修以前之路"②。以此方式接续修路，将长安至伊犁之旧官道作为主线，主线到各垦殖地为支线，形成畅通的道路网，从而既解决了交通问题，又沿线安置监犯，不至于让监犯过于集中。

监犯移垦的正式法规是 1934 年 7 月 10 日南京国民政府公布的《徒刑人犯移垦暂行条例》。1936 年 2 月 29 日，《徒刑人犯移垦暂行条例》修订案公布施行，将第十一条改为"人犯移垦实施办法由司法院会同行政院定之"，原文系"由行政院定之"。因在当时司法行政部归属于行政院，后司

---

① 参见《法部拟移囚垦边》，载《监狱杂志》1929 年第 1 卷第 1 期，第 7 页。
② 《监犯移垦办法大纲》，载《法治周报》1933 年第 1 卷第 35 期，第 34—35 页。

法行政部归入司法院，考虑到军事人犯事务同行政院有关，故而改由两院共同定之。1940年7月15日，司法院和行政院共同制定的三项配套法案《徒刑人犯移垦实施办法》《移垦人犯累进办法》以及《移垦人犯减缩刑期办法》同时公布施行，至此监犯移垦的相应法规已基本完备。

选改革试点地

从二十世纪二十年代末开始，中央和各地方在监犯移垦的地点上就开始不断考察和选择。司法行政部的最初想法是组织监犯跨省移垦边疆，以确保移垦地兼顾垦荒的必要性和监管的可行性。但自国民政府迁都重庆以后，西南地区特别是四川逐渐替代西北地方成为监犯移垦政策实施的首选实验区。1938年3月24日，居正致函四川高等法院院长谢冠生，称："监犯移垦计划，既荷介公采纳，宜详加研究，务祈切实可行。"[①] 于是四川许多垦区都在难民移垦之外积极筹划监犯移垦。

当时著名的川边垦区泰宁农业实验区在1939年初提出了监犯移垦的规划。邢肃芝在《雪域求法记》中曾描述过他考察泰宁农业实验区的情况。泰宁实验区主任张志远拟就

---

① 罗福惠、萧怡编：《居正文集》，华中师范大学出版社1989年版，第438页。

《监犯移垦泰宁实验区计划草案》,该规划详细阐述了监犯移垦泰宁的方案,但也许是因为西康随即脱离四川建省,故未能将此计划付诸实施。1939年4月6日至5月16日,四川省建设厅技师程绍行与四川高等法院廖芷才等一行四人前往平武勘察荒地,这是对监犯移垦地区的正式选址。经过40多天的实地勘察,程绍行等撰写形成了《平武县徒犯垦区会勘报告》,该报告从荒区范围、自然状况、交通状况、社会状况、产权现状、水利、主要产物、荒芜原因等八个方面对平武县的荒地进行了会勘,并详细罗列了平武县各荒地的具体地址、业主、面积、地价估价、种量及现状,平武县正式成为实验监犯移垦的实施地。①

图22-1 《大公报》报道平武监狱改革实验

① 参见程绍行:《平武县徒犯垦区会勘报告》,载《建设周刊》1940年第23—26期合刊,第100—131页。

图22-2 王用宾

1935年司法行政部部长王用宾在视察华北司法后认为,"人犯作业为监犯自给自足主义所由实现,一则藉此训练人犯,使能自食其力","一则可将作业之收入补助国库之支出,一举两得"。① 新式监狱的大部分监所作业为小手工业,特别是生产监所本身所需的办公物品和生活用具,或是当地销路较好的小商品,以为监所创造收入,所涉农务科目极少,多为自身生活所需。这类作业只能在监狱之内进行,因此监犯移垦需要建设新式的外役监所,即在监所外的荒地进行农业劳动,从而实现垦荒和服役的双重功能。

图22-3 居正

居正在《十年来之司法建设》的总结中要求重视整顿监狱,并设"外役"及"移垦"两方法以辅之。在《抗战四年来之司法》中,居正将筹设新监作为司法建设的重要工作,并计划设置外役监,并"为人犯移垦之用,拟在边远省份各设一所",而最

---

① 王用宾:《视察华北七省司法报告书》,载《法律评论》1935年第12卷第621期,第4页。

先筹设的外役监,就是四川平武的外役监。①

平武外役监实验②

1941年10月10日,平武外役监正式成立。至1942年8月,平武外役监共有工作人员57人,家属193人。1946年工作人员达到84人。外役监的典狱长一直为杨达才,典狱长以下,设军训、医务、会计三室和一科、二科和三科。此"三科三室"的内部结构与民国其他新式监狱的结构大体一致。其后期增设了教诲科,由教师张文甫担任科长。

杨达才,字明理,亦名杨达斋,四川开县人,曾在东北担任绥芬河市市长,三十年代回到四川,任成都救济院院长。杨与时任四川高等法院院长的苏兆祥有旧交,在苏兆祥的推介下出任平武外役监典狱长。杨达才在任内恪尽职守,对监犯管教有方,奖惩适度。外役监所取得的成绩,"大都有赖于创办者杨典狱长明理之热忱毅力"③。

平武外役监的监犯大多参与垦殖工作,他们来自四川省

---

① 参见罗福惠、萧怡编:《居正文集》,华中师范大学出版社1989年版,第183页。

② 本处有关平武实验监狱的材料,均出自四川平武县档系馆馆藏民国档案。

③ 汪楫宝:《民国司法志》,商务印书馆2013年版,第94页。

内各区域，但主要集中于靠近平武的川西平原各县。监犯均为被判短期徒刑且危害性不大之人，即使如此，交通、看管等途中押解所费人力与资金也让外役监难以负担。外役监曾希望四川省高等法院拨出一部车辆供监犯押运，以缩短监犯在途的时间，但未得到批准。因此外役监只能让监犯徒步一两个月到达，便不可避免地出现监犯在途中生病死亡甚至逃脱的情况。因此，平武外役监服役监犯2000余人的最初计划无法实现，常年的监犯数仅有150余人。

平武外役监的垦殖区域共二万七千余亩，已经垦熟耕地一千四百余亩，未开垦之地，森林茂密，可从事采木、摘茶、割漆等工作。建筑农舍及新式监房二百余间，水力磨房两座。经营数年，外役监还购置了五处荒地。移垦荒地的购买过程通常由当地行政、司法、垦务与外役监一同出面，在乡绅的配合下，以公道价格向荒地业主购买。

时任司法行政部监狱司司长王元增在促进监狱改良方面非常积极，十分重视外役监的运作，也制定了许多有关监犯移垦的各项条例制度。1942年7月，王元增来到四川，亲自参观了平武外役监。在王元增看来，监犯移垦是解决经济自给的最好办法。

实施五年后，平武外役监在垦荒获益方面有更明显的成效。由于管理方式得当，加之移垦的确教给了监犯劳动技能，给予了他们生计机会，服役监犯在外役监的教育改造颇有成效，"移垦人犯，每日平均在二百人左右。实际从事农作者，约一百人。五年之中，刑期届满，陆续开释者，二百七十余人。其中十分之六，各已回家，均有职业。十分之三，受地入籍，为自耕农。余则自愿在该监采木摘茶等厂，为客工。……垦犯食粮及副食品，自给自足。身体健康，服从教诲。定期举行小组自治会，故虽垦区荒旷，戒护非易，而逃亡者绝少"①。

监狱实验的终结

因平武外役监成效明显，司法行政部通令各监所参考借鉴平武外役监的制度和做法。在司法行政部的主导下，先后有安徽宣城、贵州平坝、湖南宜章拟推广创办外役监。安徽宣城及贵州平坝两处外役监于1947年开始筹办。1948年，安徽省宣城外役监成立，"平坝一处，已经开辟公路，建筑房舍。此外监狱中有空旷基地者，则令辟建农场，以供人犯种植"②。但随着国内政治军事局势的变化，两地的外役监都未实际运行。

---

① 汪楫宝：《民国司法志》，商务印书馆2013年版，第94页。
② 汪楫宝：《民国司法志》，商务印书馆2013年版，第94—95页。

由于深居川西内地，四川平武作为当时唯一实际运行的外役监，在抗战和内战期间一直运转。1949年12月平武县和平解放，杨达才致函重庆西南军政委员会，陈述外役监情况，刘伯承和但懋辛回信嘱其"静待接收"。① 1950年春，西南军政委员会指令川北、川西行署，共同派员处理平武外役监事务，1950年11月，平武外役监正式移交，监犯及财产由当地政府接收，工作人员由平武县人民政府录用或安置，外役监随即停办。典狱长杨达才被接送到四川江油县，并被推举为平武县各代会筹委会委员和第一届各代会代表，不久因病逝世。至此，平武外役监的监犯移垦实验真正终结。

从设立的预期目的和实施的实际效果来考察，平武外役监可算作是一次较为成功的地方司法实验。从清末开始，监狱改良就是法律变革的重要任务。但自晚清政府至南京国民政府，都将监狱改良的重心放在新式监所的硬件设施修建改善上，即如当时监狱学家孙雄所认为的，"改良监狱，以改良建筑为根本问题"②，并冀望达到西欧监狱"壮丽几宫阙"

---

① 参见乔天鲁：《国民政府司法行政部的四川外役监》，载中国人民政治协商会议平武县委员会文史资料委员会编：《平武文史资料选辑》（第3辑），1989年，第33页。
② 孙雄：《监狱学》，商务印书馆2011年版，第72页。

的文明之态,从而花费大量的人力物力修建"模范监狱"。殊不知欧美的监狱建设,并非一夕之功,政局稳定,国库丰盈,尚不可短期可成,更何况财政吃紧的国民政府。最早投入使用的湖北省城模范监狱有近一半筹建费用实为商人捐献,除京师和部分省会城市外,按照西式建筑格局建造新式监所的建设几近无功,最后落得被人认为监狱改良的口号"都是冠冕堂皇,结果全都成为不兑换的支票"[1]。外役监这项监狱改良措施恰恰是从经费短缺的实际情况出发,将需要耗费财政开支的监犯人员利用起来,移边垦殖,既解决了自身所需,又增加了监狱收入,还促进了边疆建设。若清末以来多有此类切合国情的改革实验,则中国法律近代化的路途是否会更加踏实一些? 然历史不可假设,外役监之改革,终究是中国近代史浩浩洪流之中泛起的引人遐想的浪花一朵。

---

[1] 赵琛:《监狱学》,上海法学编译社1931年版,第134页。

23

法院改革的试点　李祖庆等

❖ 又一项改革试点①

与监狱改革实验几乎同时进行的，是民国政府抗战后方积极推进的法院的改革实验。这个时期改革的一项重要目标便是提升法院审判效率、方便百姓参与诉讼。为此，司法行政部建立了以提升诉讼效率为目标的实验法院，颁布《实验地方法院办理民刑诉讼补充办法》（以下简称《实验办法》）作为配套制度。实验法院作为司法改良的试点，有权

---

① 本篇有关璧山实验法院的材料，均出自重庆市璧山区档案馆馆藏民国司法档案。

在实施《实验办法》的基础上,探索简化诉讼程序、提高诉讼效率的实现路径,若实验成效显著,其成功经验将会成为后续制定有关司法改良的全国性文件的依据,乃至修改民事、刑事诉讼法的现实依据。

图 23-1　《司法公报》刊载《实验地方法院办理民刑诉讼补充办法》

司法行政部原本打算在北碚建立实验法院,而北碚当时尚未设立地方法院,若要在此设立实验法院,必得先行筹设地方法院,财力与时间皆不允许,故司法行政部很快舍弃了这一方案,选择了同样距离重庆不远的璧山进行诉讼程序改革的实验。两年后,司法行政部因璧山地处偏远、案件简陋,又将重庆地方法院改组为实验法院,但仅持续了一年多的时间,先后担任院长的查良鉴和汪廉任职时间较短,除推广璧山实验法院的改革成果外,并无太多的实验探索。因此可以说,璧山实验法院是当时司法行政部主要的实验地。

璧山实验法院的第一任院长孙希衍,曾在1922年以总分第五名的成绩通过司法官考试,其后担任吴县地方检察厅检察官、江宁地方检察厅检察官、天津地方法院首席检察官。1942年5月1日,孙希衍从最高法院检察官的职务上被调任至璧山开始实验法院建设。与他共同赴任、担任首席检察官的还有被称为"能员"的贾艮。

孙希衍在实验法院的工作主要是整顿人员风纪。比如为革除员警向当事人任意需索的积弊,孙希衍通过《诉讼须知》与《问事证》保障当事人的知情权,规定只要诉讼当事人来到法院,法院应向其发放《诉讼须知》,使其明了基本程序和计费标准,特别说明任何收费都有正式收据,若无收据者,当事人可不必支付;当事人第一次向法院申诉时,由法院发《问事证》,载明当事人姓名和收案时间,其后可以随时带证件到法院询问诉讼进度,从而避免当事人受员警私下欺骗。这些措施都有效地消除了"衙蠹"对司法审判的不利影响,树立了公正司法的正面形象。

李祖庆的改革

半年后,孙希衍调任云南高等法院院长,接任璧山法院院长的是李祖庆。李祖庆,字善庭,北京人,曾担任天津地方法院院长,后任重庆地方法院院长,1943年9月转任最高法院检察署。抗战期间,李祖庆常给《抗战导报》撰写评论,针砭时弊,痛斥官场腐败,呼吁同胞共赴国难。

李祖庆对实验法院充满热情和兴趣,他曾事后与裘孟涵坦率地谈起此事,"办实验法院,一半是为了好奇心驱使,一半是想有所建树,借以提高自己的名位"①。李祖庆把实验法院的任务概括为四项,即:"以科学的方法推行简单化的诉讼程序法以测验其功用","就实验结果供修订法典之资料","就经过事实视察推行方法之成就以供人事上调整之参考","不以集中人力财力为实验方法以期将来普遍实行"。在李祖庆的主导下,璧山实验地方法院从第二年,即1943年4月开始,每两周举行一次"院务会议及业务检讨会议",每次会议均需先检视上次会议所布置工作的完成情况,并由

---

① 裘孟涵:《CC渗透的国民党司法界》,载中国人民政治协商会议全国委员会文史资料委员会编:《文史资料选辑》(第七十八册),中国文史出版社1986年版,第94—95页。

院长结合法院各方面情况作出双周部署。该会议一直坚持到实验法院结束，较好地提升了法院的工作效率。除了继续执行孙希衍建立的《诉讼须知》《问事证》等工作规范，李祖庆还通过建立审检联席会议、强调办案时限、推行公证和不动产登记以及试办邮政送达等措施提高诉讼效率。

民国基层法院分审检两部，法院院长和首席检察官易生摩擦。李祖庆认为这种分立是制度问题，但由于实验法院缺乏变更组织机构的法源，所以只能相互之间加强协调。为了提升审检合作效率，李祖庆与首席检察官贾艮联办了"审检联席会议"，双方决定所有行政会议、工作检讨会议和学术研究会议都联合举行，借此沟通双方意见，保障刑事诉讼程序的有效推进。

李祖庆重视律师在司法改良中的作用，曾派员到璧山律师公会的成立选举大会中监选。他认为司法工作"推行新制，如不得律师界相助为理，则所得结果必不正确"。1943年6月，李祖庆在法院礼堂召开了一次征求意见大会，邀请璧山律师公会人员参加。在会议上，李祖庆针对律师工作提出了多项建议，希望律师减少故意拖延、加快诉讼进度，如"律师代诉讼人具状，应为诉讼人求合法之利益，不宜戴一造对他造当事人肆行批评，或对于法官滥施攻击，致生反响"；李祖庆也虚心接受律师的监督，表示"本院办事手续，应改进之点,欢迎建议,并随时接受"。出席律师针对自诉等诉讼程序问题提出了多项建议,也针对自己办案遇到的情况进行了反馈,李祖庆当场调查解决了几例律师与法院工作人员的细小纠纷。为得到律师的支持,李祖庆诚恳表示,"有法治固必须有治人,但有治人仍须有治法,否则因人成事,则只能收效于一时,而不能永久普遍","希望各位各本固有义务,就客观所得,平情论断,共策进行",并呼吁"法官律师均各注意风纪,以挽颓风"。

在推行上述各类改革措施,提高诉讼效率的同时,李祖庆也同时注意对法院人员队伍进行管理与整顿。早在几年前,李祖庆就曾撰文痛骂贪官污吏:"而此等人,则食国家之粟,受国家之恩,尚以为不足,硬要把一个'私'字,遮盖一切,这种埋没天良的私心,真是罪该万死。"[1] 因此,当他在实验法院工作期间,继续主张消除工作人员的陋习也就不足为怪了。一次,实验法院的一名司法助理员李炳荣派送高一分院和解笔录,当事人认为应征旅费数与法院布告定额不符,拒不付款,于是双方在茶馆进行谈判,经乡长证明是当事人有所误会方才了结此事。依照当地习惯,这种私下请中人调解的谈判最后要由理曲人负担茶资,当事人迫于地

---

[1] 李祖庆:《谈发国难财》,载《抗战导报》1938年第28期,第10页。

方习惯支付了茶资，但仍心有不服，于是向法院揭发。李祖庆认为，"该助理员以公务员身份与诉讼人在茶馆谈判，饬令当事人负担茶资，究有未合，仍将该员记大过一次"。还有一名候补书记官周柏清在登记环节向申请人需索报酬，李祖庆"以其形迹可疑告知推事彻查，并请首席检察官侦查起诉"，事后书记官被判处徒刑十年。

图 23-2　1941 年的璧山地图

1944年，璧山发生了一起"强拆"案件。璧山县征收处有一处公田被佃户违规使用，经劝说一直不愿搬出，于是征收处主任伍朝杰带领一个班的警察将原佃户家具强行搬出，并没收其所建房屋。原佃户不服，向璧山法院起诉。李祖庆受理此案后，通知伍朝杰出庭受审，伍朝杰认为办理此事有法可依，拒绝出庭。李祖庆则认为伍不出庭拖延了诉讼，便指使原告将民事诉讼改为刑事诉讼。法院据此先后发出传票、拘票，伍朝杰依然我行我素，拒不出庭。李祖庆便以缺席为由进行判决，判处了伍朝杰三个月徒刑。① 虽然后来伍朝杰聘请沈钧儒担任辩护律师并在重庆二审胜诉，但已可见李祖庆为维护诉讼程序运行，不惜得罪本地官吏的坚决态度。

与前任孙希衍不同的是，李祖庆花大力气落实《实验办法》，并注重实施效果的归纳总结。他多次在院会中与法院同仁商议《实验办法》的推行，并拟定了《实验地方法院办理民刑诉讼应行注意事项》，逐条罗列了诉讼法和《实验办法》的区别，并对《实验办法》中的缓起诉等新制度作了系统的说明，作为办案手册，供法官随

---

① 伍朝杰口述、培德整理：《沈钧儒帮璧山征收处打官司》，载中国人民政治协商会议四川省璧山县委员会文史资料委员会编：《璧山县文史资料选辑》（第1辑），1988年，第41—43页。

时翻阅。他要求法官办案应尽量适用实验法规并注意适用结果。在他的督促下,实验法院适用《实验办法》的案件数量大幅增加。1942年5月至1943年4月一年间,刑事案件适用《实验办法》条项为192件次,而到了1943年,仅6月一个月内,刑事案件适用《实验办法》条项就达90件次。

实验法院的终结

1945年底,中华民国新民诉法和刑诉法由立法院修正通过,《实验办法》的绝大多数内容被新法采纳。但由于实验法院变通诉讼法的做法实际上侵犯了立法权,所以实验法院在立法院的强烈反对下匆匆结束。李祖庆在实验法院结束前夕调回最高法院检察署,其后担任司法行政部的东北司法特派员赴东北办理九省法院恢复事宜,并编有《十五年来之东北司法》一书①,详细描述东北司法的肇始、沦陷和重建的状况,是研究东北司法状况的重要史料。

---

① 连载于《法声》1947年第178期—184期。

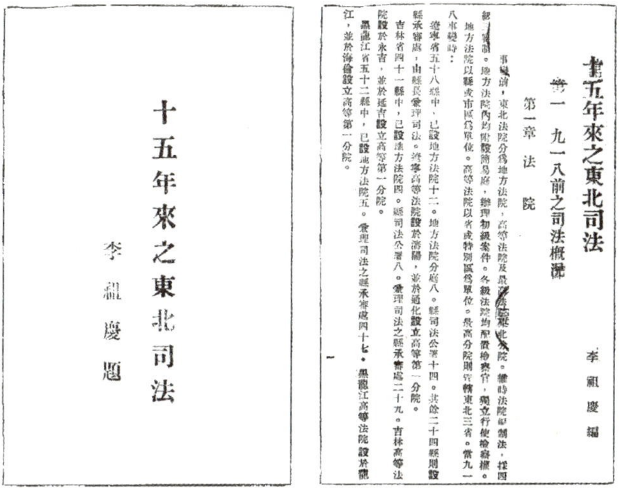

图 23-3 李祖庆编《十五年来之东北司法》

　　璧山实验地方法院共存续三年零七个月，李祖庆是当之无愧的主要实施者，首席检察官贾艮、前任孙希衍也有颇多贡献。孙希衍和李祖庆先后在最高法院检察署任检察官；李祖庆和贾艮分别是沦陷前和光复后的天津地方法院院长。历史总是充满巧合，李祖庆、孙希衍和贾艮这三位有着前后任履职渊源的法律人共同在璧山法院完成了这项司法改革的地方试点工程。

知新而温故 董康

◉ 跌倒的"圣人"

民国初年的报纸出过一副上联:"董圣人、康圣人、董康圣人",1925年有人对出了下联"孙督办、岳督办、孙岳督办"。下联中的孙岳、岳维峻都曾任河南督办,而上联则是把董康与康有为并称为圣人。① 1936年,《正风》杂志亦刊出一篇题为《康圣人致董圣人书》的文章,署名"篁溪钓徒"的作者虽称董康为"圣人",却带了十足的挖苦意味:"其后董

---

① 参见《解颐录·董康圣人》,载《兴华》1936年第33卷第35期,第22页。

圣人出长财政，京朝士夫，方渴望董圣人出其经济以救时艰，乃在部碌碌无所表见，亦未闻献一策以纾国家之困。"

但在某种程度上，董康是可以称作圣人的。在晚清到民国的法律近代化过程中，若论对传统律学的专研及其近代化的贡献，董康应该仅次于薛允升和沈家本。董康学贯中西，著述等身，著有《清秋审条例》《秋审制度》《集成刑事证据法》《中国法制史》《刑法比较学》等，合译有《日本刑法义解》《意大利刑法》等。在仕途上董康先后任北洋政府时期的大理院院长、修订法律馆总裁、司法总长等职，是叱咤风云的法政人物。

董康的影响不仅在法政界，他在文史戏曲领域也有相当造诣。董康刊刻的《诵芬室丛刊》中有许多海内孤本，同王国维等人一起校订的《曲海总目提要》收罗了许多民间戏曲小说，《书舶庸谭》则是他以访书为主要内容的东游日记，是研究我国近代通俗文学文献绕不开的著作。胡适评论他是"近几十年来搜罗民间文学最有功的人"[1]。董康对戏曲的看重不止于单纯的艺术层面，他对戏曲的社会功用同样赞赏有加："窃谓戏剧乃文艺之一，粉墨登场，渭泾攸判。枭雄盗世，难逭弦索之诛；大节捐躯，克享甄甄之寿。发人猛省，

---

[1] 董康：《董康东游日记》，王君南整理，上海人民出版社2018年版，第337页。

补救颓风,以言儆世之深功,甚于史官之直笔,诚未可以小道鄙夷之。"① 这种看法强调戏曲教化社会的巨大作用,显与儒家希望以礼乐教化社会的主张相合,叫一声董圣人恐怕也算得其所宜。

图 24-1　董康著《书舶庸谭》

1921 年,时任司法总长的董康担心位于报国寺西偏的顾亭林祠堂年远失修,渐就湮没,于是联合旅平苏绅发议集资,重修顾祠。② 顾亭林以不事清廷做贰臣的铮铮铁骨为后

---

① 俞为民、孙蓉蓉编:《历代曲话汇编·清代编·曲海总目提要(上)》,黄山书社 2009 年版,第 12 页。

② 参见《顾亭林祠堂:报国寺僧竟敢侵占,江苏同乡主张收回》,载《华北日报》1929 年 3 月 18 日,载林辉锋主编:《顾炎武研究文献集成·民国卷(上)》,古吴轩出版社 2019 年版,第 206 页。

世敬仰,与之形成鲜明对比的是,为他重修祠堂的董康,却在"七七事变"以后,以七十岁高龄出任伪华北临时政府的"司法委员会委员长""最高法院院长"。一时间全国哗然,有惋惜他晚节不保的,有讽刺他被照妖镜照出原形的,有直言不讳他是汉奸的,报纸上全是对他的口诛笔伐和揶揄讽刺。① 一份报纸报道他任伪政府职后心神不宁,回家途中从楼梯跌倒,以圣人跌倒调侃这位顶着圣人之誉的法学大家在晚年跌落圣坛。抗战胜利后,董康以汉奸罪被逮捕,并在保外就医中死去。

这位法学大家出任于伪政府的原因不得而知,有报纸曾简略提及他的家人的解释:"在沦陷时期,因为没有钱,生活成问题,遂参加了伪组织。"② 董康的晚景是凄凉的,被病痛折磨,长期卧榻不起,当时甚至有"董康愿求早死"的说法③。此前胡适给董康《书舶庸谭》作序时,提到董康日记中以七千字记录了日本剖腹文化,赞同这是日本的重要文化特色。胡适认为"凡观察一国的文化,须看这文化之下的

---

① 参见一鹗:《关于董康的晚节》,载《天文台》1937年第50期,第5版;都寒:《汉奸列传·董康》,载《大风(香港)》1938年第4期,第122—123页。

② 孟东:《董康出狱记》,载《新上海》1946年第36期,第10版。

③ 果真:《老病侵夺:董康愿求早死》,载《快活林》1946年第36期,第2版。

人怎样生活,更须看这文化之下的人怎样死法",并由剖腹一事发散至生与死的大问题,在序末和了如下一首小诗,现在看来,这一无心之作竟似在冥冥中预测到了七年后董康的命运:

> 一死不足惜,技拙乃可耻;要堂堂的生,要堂堂的死。

法理与礼教

董康在晚年的转变除了政治的立场,还有对待法律移植的态度。清末修律时,董康坚定地反对传统礼教,在法律上采取拿来主义,他解释过自己除旧布新的原因:"审判之权操自胥吏幕僚,上级机关负覆核之责,不过就文字,稽钩其瑕隙,内容无从研索也。余痛思积弊,抱除旧布新主义,所拟草案如《法院编制法》《民律》《商律》《强制执行法》《刑律》《民律》《诉讼律》,俱采各国最新之制。"[①] 董康以西方最新立法改造传统中国法律文化,并直接引发了清末修律中著名的礼法之争,是法理派中仅次于沈家本的代表性人物。

---

① 董康:《民国十三年司法之回顾》,载《法学季刊(上海)》,1925年第 2 卷第 3 期,第 110 页。

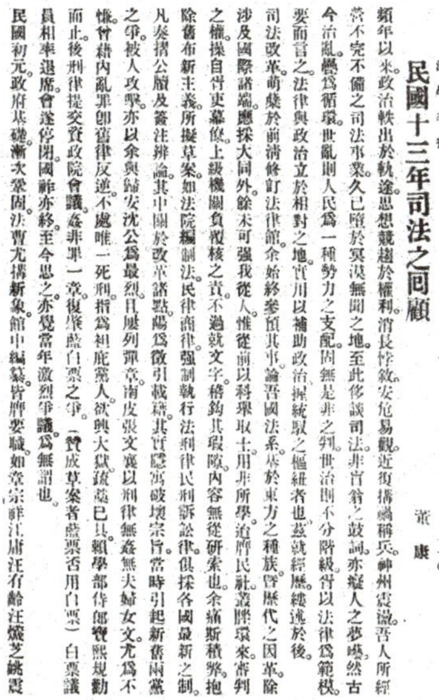

法學季刊

民國十三年司法之回顧

董 康

一一〇

頻年以來。政治軼出於軌途。思想競趨於權利。消長悖敘。安危易觀。近復搆釁稱兵。神州震盪。吾人所經營不完不備之司法事業。久已墮於冥漠無聞之地。至此侈談司法。非宵翁之鼓詞。亦癡人之夢囈。然古今治亂。疊爲循環。世亂則人民爲一種勢力之支配。固無是非之判。世治則不分階級。胥以法律爲範模。要而言之。法律與政治立於相對之地。實用以補助政治握統馭之樞紐者也。茲就經歷。縷述於後。

司法改革。萌櫱於前清修訂法律館。余始終參預其事。論吾國法系。本於東方之種族。暨歷代之因革。除涉及國際諸端。應採大同外。餘未可強我從人。惟從前以科舉取士。用非所學。迨辟民社。叢脞環來。審判之權。操自胥吏幕僚。上級機關負覆核之責。不過就文字。稽鈎其瑕隙。內容無從研索也。余痛斯積弊。拋除舊布新主義。所擬草案。如法院編制法。民律商律。強制執行法刑律民刑訴訟律。俱採各國最新之制。凡奏摺公牘及簽注辨論。其中關於改革諸點。陽爲徵引載籍。其實隱寓破壞宗旨。當時引起新舊兩黨之爭。被人攻擊。亦以余與歸安沈公爲最烈。且屢列彈章。南皮張文襄以刑律無姦無夫婦女文。尤爲不慊。暨稱內亂罪卽舊律反逆。不處唯一死刑。指爲袒庇黨人。欲興大獄。蹤蹟已具。賴學部侍郎寶熙規勸而止。後刑律提交資政院會議。姦非罪一章。復肇藍白票之爭。（贊成草案者藍票否用白票）白票議員相率退席。會遂停閉。國祚亦終。至今思之。亦覺當年激烈爭議。爲無謂也。

民國初元。政府基礎。漸次鞏固。法曹尤搆新象。館中編纂。皆膺要職。如章宗祥汪有齡汪爔芝姚震

图 24－2 董康著《民国十三年司法之回顾》

作为“沉浸欧制最力之一人，亦为排斥礼教最烈之一人”，在经历了“改革后忝厕政府者十余年，服役社会者又十余年”的二十多年思考后，他对礼教的看法发生了翻覆性的改变。1935 年，董康反思自己在修律时的主张是“自抉藩篱，自溃堤防，颇忏悔之无地也”①。董康用了“忏悔无地”一词评价自己早年对传统礼教的态度，可见其反思至

① 董康：《前清司法制度》，载《法学杂志（上海）》1935 年第 8 卷第 4 期，第 22 页。

深,思想转变之彻底。他在《刑法宜注重礼教之刍议》中重新评价了法律与礼教的关系,认为:

> 自欧风东渐,关于刑法之编纂,谓法律与礼教论不宜混合。鄙人在前清从事修订,亦坚执此旨。革易后服务法曹十年,退居海上,服务社会又若干年,觉得有一种行为。旧时所谓纵欲败度者,今于法律不受制裁,因之青年之放任,奸宄之鸱张,几有狂澜莫挽之势,始信吾东方以礼教立国,决不容无端废弃,致令削足就履。……四民生业,为其根本动摇,虽有善者,亦复无如之何,以东方今日之情形,为谋社会之安宁,宜维持家之制度,而家之制度,舍礼教无第二法门。①

可资参照的是,董康在《中国修订法律之经过》一文中历数自清末到国民政府三十多年来修订法律的过程,其中有一节提到清末无夫奸罪之争,"新旧之争,关于此点,较前尤烈,所谓甚嚣尘上也",而对这新旧之争点,董康作为法理派的代表,态度却颇为暧昧:"无夫奸应否科罪,在个人意见,无所可否。惟负修订责任,不能不有所主张。"② 有

---

① 董康:《刑法宜注重礼教之刍议》,载何勤华、魏琼编:《董康法学文集》,中国政法大学出版社 2005 年版,第 626、637 页。

② 董康:《中国修订法律之经过》,载何勤华、魏琼编:《董康法学文集》,中国政法大学出版社 2005 年版,第 463 页。

学者认为这体现了董康当年的真实心态,法理与礼教两派,恐怕并非泾渭分明。① 但无论如何,文章的最后一段话清晰无疑地展现了他此刻的心境:

> 惟最后一言,法律为一种社会学,吾东方之社会组织法,一在三纲,即君臣父子夫妻。谋一国秩序之安宁,在明君臣……谋家庭之秩序之安宁,在明父子夫妻……一在五常,即仁义礼智信。此五者,所以活动此社会巩固此社会者。二语虽老生常谈,实治乱兴亡之所维系,深愿我东方之大同胞,共同体验之也。

因何而变

在对待传统法律的态度上,董康为什么会发生如此大的转变?他在1936年反思中西刑法时的这段话中可能已经给出了答案:

> 至纂修事业,须经历二之时期:一、知新时期。凡成就必由于破败,即法律何莫不然。为表示改革之决心,荟萃各法案,甄择所长,无论何国皆然,不能执以

---

① 参见陈新宇:《寻找法律史上的失踪者》,广西师范大学出版社2015年版,第46页。

为起草者之咎。二、温故时期。民族随生聚而成习惯，故成王之诰康叔，于文轨大同之日，犹许用殷罚殷彝，此出于经验后之认定，不得嗤之为墨守旧章。①

董康认为法律移植分两个阶段，第一阶段是知新，博采众长，第二阶段是温故，反求诸己。晚清修律，就是他知新的阶段，在这个阶段，他以最新立法例为追求对象，求新求变，求与诸列强同；而到了国民政府时期，以西方大陆法系为蓝本的法律移植在中国逐步实践，而此时中国的社会问题和文化问题并未得到解决，甚至还带来了一些新的问题，这就进入了他的温故阶段。当了解了这些外国法律文明的具体内容、体会到新的法律带来的未必是一个好的结果之后，才发现故旧的中华文化未必都是错，未必都有害，应该重新审视法律传统，让这些传统中的对的、有益的元素继续发挥作用。

董康在法学研究中，更多专注于传统中国法律的再解释。他将新传入的西方法学理论与传统中国律学文献相结合，进而发现传统法制中的"现代"元素。如在《集成刑事证据法》中，他爬梳历代法典史料，将中国传统法律中的

---

① 董康：《从吾国社会实际需要略论刑法》，载《国立北京大学社会科学季刊》1936 年第 6 卷第 1 期，第 249 页。

"刑事证据规则"按西方法理重新组合，形成了可与西方各国相比拟的中国传统刑事证据法。

他在近代中国最早的比较法著作之一的《刑法比较学》中，对中国当时的新旧刑法和世界各国刑法进行比较。他认为周朝的法律每年有修改，"犹今之英国刑法"，古代的巡回审判亦与英国类似，而日本民事诉讼中的准备程序与中国传统重视复核的规定相似，等等。在董康看来，许多我们认为是新的制度，其实在中国古代的刑律中都有类似的内容，只是我们"温故"得还不够没有发现而已。他评价民初的刑法修正案"盖采暹罗及意大利新制，其实皆旧律之精神也"。

近代法律史上有很多在法律移植后对照搬西方法律产生怀疑的法政人物，但像董康这样极端的例子还不多见。清末变法任职修订法律馆时的董康三十五岁，血气方刚，对传统的否定轻率而彻底，对国外的"新"充满知和行的渴望，企图改造社会；多年在政坛一线亲身经历中国的法律转型后，董康已到知天命的年龄，此时的他可能了解到，一个社会的成长如同一个人的成长一样，一些与生俱来的性格特征与基因传承不会因为外界的一时刺激而发生根本性的改变，要想活得健康快乐，除了向外求新，还须反求诸己。这可能就是为什么人总是到了老年会更加念旧，更加珍惜传统了。

务实的历史法学　章太炎

法学家章太炎

作为近代中国著名的历史人物,章太炎早年的革命经历已广为人知。目前高中历史课本着墨表彰其所著《驳康有为论革命书》、为邹容《革命书》作序、入狱三年等革命事迹,造成许多人只"识革命之章炳麟,不见学术之章太炎",或不知其二者实为一人者的情况。

章太炎未直接参与辛亥革命,不仅如此,他于1911年11月15日从日本回到中国后即提出"革命军兴,革命党消"的呼吁,一夕之间被革命派视若仇雠。但细品其意,无非主张革命既然成功，就应当尽快进入执政党状态，与孙中山的宪政阶段理论并无本质上区别，之后宋教仁据此改组国民党也未尝不是宪政进步的举措，故言章太炎为"革命者"应无不妥。但若将视角仅放在学术理论，特别是与法律相关的理论中，称章太炎为"革命者"就未尽贴切了，由其多次修订《訄书》可见，章太炎思想先后尚有不一之处，对传统孔儒之道、对传统法家思想、对西方政治文化的态度，都有其复杂的一面。不过其在文化大变局之下苦寻救国之策之心却未有改变。章氏一生讲学、著书、革命，门下弟子众多，影响巨大，可谓"革命元勋，国学泰斗"（许寿裳语）。

为法家正名

章太炎的法律思想是以肯定中国传统法家为起点的。针对"商鞅之中于谗诽也二千年"，章太炎认为之所以世人非议法家，并将其作为君权纵恣的罪魁祸首，是因为没有领会法家的真正理论，才将"刀笔吏"视为"法家"。在他看来，"法者，制度之大名"，"周之六官，官别其守，而陈其典，以扰乂天下，是之谓法"。中国古代的法家实际上等同于西方的政治家，而"非膠于刑律而已"。后世将法家等同于专注于刑律的刀笔吏是因为从"张汤、赵禹之徒起，踵武何说而文饰之，以媚人主，以震百辟,以束下民",这已经违背了韩非商鞅的法家思想。章氏认为,真正的法家如商鞅,应当是"尽九变以笼五官,核其宪度而为治本,民有不率,计划至无俚,则始济之以攫杀援噬。此以刑维其法,而非以刑为法之本也"。而刀笔吏如张汤、赵禹等,"专以见知、腹诽之法,震怖臣下,诛沮谏士,艾杀豪杰,以称天子专制之意。此其鹄惟在于刑,其刑惟在于簿书筐箧,而五官之大法勿与焉,任天子之重征敛恣调发而已矣。"商鞅和张汤的差别在于"鞅知有大法,而汤徒知有狴狱之制耳"。"今西人之异于商君者,惟轻刑一事,其整齐严肃则一也",既然商鞅与今西人并无大异,因此"凡非议法家者,自谓近于维新,而实八百年来帖括之见也"。①

与对商鞅的褒奖相比,董仲舒是章氏认定的破坏法家精神的罪人,在章氏看来,法律的确定性和公开性尤其重要,而董仲舒开启的春秋决狱和法条过于烦琐,难以理解,使老百姓不能准确按照法律规定行事,并为执法者的恣意妄为提供方便。在章氏看来,立法只是为了"使民有伪行",而无法以法令化民。

对于秦以法治国,章氏给予了充分的肯定,认为秦皇除了"起阿房,及以童男女三千人资徐福;诸巫食言,乃坑术

---

① 参见章太炎:《商鞅第三十五》,载上海人民出版社编:《章太炎全集(三)》,上海人民出版社1984年版,第79—82页。

士，以说百姓，其他无过"。因为秦治国与后世唐宋明"贵其宗室"不同，秦皇"负扆以断天下，而子弟为庶人"，秦皇所任文武将相皆功臣良吏，"后宫之属，椒房之壁，未有一人得自遂者"，"卓绝在上，不与士民等夷者，独天子一人耳"，秦皇秉承了法家的核心要诀即"君臣上下同受治于法律"（刘师培语），君民都"循于法律之中"。他感叹秦皇早逝，否则，以法家这种方式治理国家，"易代以后，扶苏嗣之，虽四三皇、六五帝，曾不足比隆也"，"何有后世繁文饰礼之政乎？"①

"古已有之"

面临清末以来移植欧美的变法修律活动，章氏虽然也认识到变革法律的必要性，但他坚决反对全盘照搬西方法律制度，他批评新刑律不少规定照抄他国法律，将干犯宗教神庙之罪加重，将通奸之罪减轻，强调"夫人情习俗，方国相殊，他国之法，未尝尽从一概"，责备"独欲屈中国之人情习俗以就异方"，乃是"削趾适履"。②汪荣祖曾在对比康有为与章

---

① 参见章太炎：《秦政记》，载上海人民出版社编：《章太炎全集（四）》，上海人民出版社1985年版，第71—73页。
② 参见章太炎：《附录：自述学术次第》，载章太炎：《菿汉三言》，虞云国标点整理，辽宁教育出版社2000年版，第174页。

太炎思想时概括二人思想的核心区别是康有为深信文化是"普及的",所以各种文化都可相通相适,毫无限制,接近西欧的"启蒙时代"思潮,而章太炎坚持文化的"特殊性",认为文化由特殊的历史环境逐渐产生,所以两种不同的文化不能互通互适。换言之,新文化不能取代旧文化,必须从旧文化的基础上发展而来,较接近西欧的"历史主义"思潮。①

图 25-1　章太炎著《菿汉微言》

持此观点再看章氏对法律生长的某些说法,似与历史法学派有某些契合之处。章氏认为"法律者,因其俗而为之约定俗成"②,"诸妄主新律者,皆削趾适履之见,虎皮蒙马

---

① 参见汪荣祖:《康有为章炳麟合论》,载《近代史研究所集刊》1986 年第 15 期。
② 章太炎:《五朝法律索隐》,载上海人民出版社编、徐复点校:《章太炎全集·太炎文录初编》,上海人民出版社 2014 年版,第 72 页。

之形,未知法律本依习惯而生,非可比傅他方成典"①,他强调各国法律依托于不同的民族历史文化,中国是"因旧之国,非新辟之国,其良法美俗,应保存者,则存留之,不能事事更张。"中国与美国不同,"美为新建之国,其所设施,皆可意造,较中国易,无习惯为之拘束也",中国与法国也不同,"法系破败之国,推翻一切。而中国则不然,如悉与习惯相反,必不能行"。他举例来讲,"三权分立之说,现今颇成为各国定制,然吾国于三权而外,并应将教育、纠察二权独立",因此,他主张将反映中国人民独特理念与行为的旧律作为新律改定的参照系,而不是以欧美作为参照系,对于中国传统的良法美俗,并逐一举出"八条"作为"所应保存、提倡与夫禁止之概略":婚姻、家制、国教、外国人犯罪、税收改革、语言文字、赌博、风纪。② 章氏认为,"国体虽更为民主,而不欲改移社会习惯,亦不欲尽变时法制,此亦依于历史,无骤变之理也"③。

章氏还从中国传统法律文化中找出与西方近代法治对应

---

① 章太炎:《宣言九则》,载上海人民出版社编:《章太炎全集·太炎文录补编(上)》,上海人民出版社2017年版,第391页。
② 参见章太炎:《中华民国联合会第一次大会演说辞》,载张勇编:《章太炎学术文化随笔》,中国青年出版社1999年版,第147—150页。
③ 章太炎:《附录:自述学术次第》,载章太炎:《菿汉三言》,虞云国标点整理,辽宁教育出版社2000年版,第171页。

的制度，以此证明许多制度在中国"古已有之"。如西方所谓"宪法"一词，章氏考证：

> 礼法之属，品目扶疏，必有其维纲焉。古之法纲，散在《周官》、《礼经》，其间本枝错杂，细大相糅；次则传记有引古之制者，唯及单文，更难见其邻类矣。然则撮举法纲集成宪法者，三代未之有也。……盖七国时始有之，惜其全书不可睹耳。自汉以后，又散之官制律令中，而宪法无特著者矣。虽然，苟无忠信诚悫以先之，虽有宪法，抑末也。"①

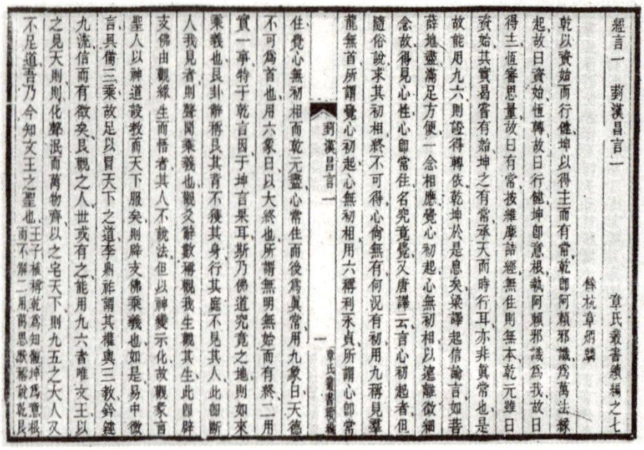

图 25-2 章太炎著《菿汉昌言》

---

① 章太炎：《菿汉昌言》，载章太炎：《菿汉三言》，虞云国标点整理，辽宁教育出版社 2000 年版，第 107—108 页。

西方之司法独立,章氏则认为同周公时期的"刑官殊于百工"①,"《周礼》有外朝询庶民"、春秋卫灵公以伐晋故"遍访工商"、汉"昭帝罢盐铁榷酤,则郡国贤良文学主之",在章氏看来,皆"略似国会"。②

"不可委心远西"

章太炎对西方政治一直持"保留"的学习态度。他虽曾强调,对待外国的好学说"应该取来补助",不应当"说别国的好学说,中国古来都现成有的","凡事不可弃己所长,也不可攘人之善",但他格外说明这种观点是在"教育一面上"。当真正面临要学习西方政体时,他认为西学虽"可效",但"不足一切规画以自轻鄙","饴豉酒酪其味不同,而皆可于口"③。

他反感"近来有一种欧化主义的人,总说中国人比西洋人所差甚远,所以自甘暴弃,说中国必定灭亡,黄种必

---

① 章太炎:《刑官第三十七》,载上海人民出版社编:《章太炎全集(三)》,上海人民出版社1984年版,第84页。
② 参见章太炎:《代议然否论》,载上海人民出版社编:《章太炎全集(四)》,上海人民出版社1985年版,第300页。
③ 章太炎:《国故论衡·原学》,载大一国文编撰委员会编:《西南联大国文课》,团结出版社2020年版,第104页。

定剿绝"①，因此他不赞成清末以来张之洞等人提出的"中体西用"说，认为"彼或未能深抉中西学之藩，其所言适足从世人非驴非马之观，而毫无足以餍两方之意"。所以章氏在援引西方宪政思想的同时，注重对传统的因袭，强调政治运作的效率与政治秩序的稳定。"今中国之不可委心远西，犹远西之不可委心中国也。"

章氏对西方政法制度的保留态度集中体现在其对代议制的否定上。在总结自己的学术立场时他表示"余于政治，不甚以代议为然"，他反对代议制的理由主要有：第一，章氏认为代议制属于"封建之变相"，建立在国民不平等的基础之上，而我国废封建已久，不宜再以代议制造社会阶层的不平等。第二，以中国的实际情况来看，代议制选举出的往往不是贤良之人。"选举法行，则上品无寒门，而下品无膏粱。名曰国会，实为奸府，徒为有力者傅其羽翼，使得腰膂齐民甚无谓也。"② 第三，欧美并未因为代议制解决社会问题。在他看来，欧美国家"以贫病箠挞死者，视以罢工横行死者，一岁之中，数常十倍"，"代议政体，非能伸民权，而适

---

① 章太炎：《东京留学生欢迎会上之演讲》，载上海人民出版社编：《章太炎全集·演讲集》，上海人民出版社2015年版，第8页。
② 章太炎：《代议然否论》，载上海人民出版社编：《章太炎全集（四）》，上海人民出版社1985年版，第302页。

埋鬻之","欧、美、日本行之,民愈困穷"。由此推测中国若完全效仿,则"不过十年,中年以下不入工厂被箠楚,乃转徙为乞丐,而富者愈与哲人相接,以陵同类,验之上海,其仪象可见也"①。

西方的代议制既不可行,地方民意如何上达中央,中央政府又如何依据地方民意行使权力?章太炎在政治实践中给出了更为彻底的解决方案,即通过地方自治的方式虚置中央。地方自治是章太炎唯一亲自实践的法政设计。在中央和地方的问题上,民国政治的设计者如孙中山等都特别重视地方的作用,而章氏从维新时期主张"分镇"和"封建",到写作《訄书》时鼓吹"道县制",再到民国五年后明确主张"联邦制",在近代法制史上一直高举着地方自治的旗帜,特别是在湖南省宪运动中发挥了重要的作用,章氏积极提议制定的《湖南省宪法》成为民国联省自治的表率,其间对于女性权利、公民投票制的规定都影响到后世。为了保障湖南省的地方自治成果,章氏不惜与孙中山翻脸,阻止其借道北伐,其行为已为革命党所恨。章氏一生多有这种不计毁誉的知识分子理想化行为,以至时人称"疯子"。这种理想化表现在其法律思想的方方面面,如寄

---

① 章太炎:《〈总同盟罢工论〉序》,载上海人民出版社编、徐复点校:《章太炎全集·太炎文录初编》,上海人民出版社2014年版,第403页。

托于建立由知识分子监督当权者的政治运作体制,如设想盗窃罪的处刑应当依据所盗窃财产占受害人所有财产的比例而非绝对数目,以保护穷人的财产权等。这些思想在当时乃至现在虽仍未能实行,但章氏为民发声、殚精竭虑的形象已经跃然纸上。

思想转变的内涵

章太炎一生政治立场变动极大,维新、订孔、革命、抗日、尊儒。其学术观点也不断修正,让人常怀"不知所谈太炎为何时太炎"之感。章氏少时随俞樾学诸子之学,维新时期与康梁在同一阵营,发表《客帝论》,对清末的改良充满期待,而后投入革命,与坚持保清的师友反目,著《驳康有为论革命书》,为邹容《革命军》作序,成为著名的革命派,辛亥之后"渐为昭示后世计,自藏其锋镰",重拾国学,"粹然成为儒宗"。[①] 但若仅论其法律思想,虽有些微修正,但章太炎对中国文化的热爱之情未尝有半点消减。近代以来中国学术所经历的,正是中西文化竞争下"中国"因素在现代学术中不断消解的过程,在章氏看来:

---

① 参见鲁迅:《关于太炎先生二三事》,载贾鸿昇编:《追忆章太炎》,泰山出版社2021年版,第39页。

今之学子慕远西物用之美，太半已不能处田野。计中国之地，则田野多而都会少也。能处都会又不能处田野，是学子已离于中国大部，以都会为不足，必实见远西之俗行于中国然后快。此与元魏、金、清失其国性何异？①

多次战败使中国政治制度背上"落后"的标签，而且这种标签很快被扩展到对中国文化的整体否定。因此近代中国在求新求变的渴望中不断地"革命"，以至于不主张革命即为保守、保守即为反动。寻求一种可以预示社会进化发展轨迹的理论，并力图实现跨越式发展，一劳永逸地摆脱"落后"。通过《俱分进化论》，章太炎表达了对这种观点所依托的"社会进化论"理论的质疑。他认为，人类社会历史的演化不仅要受制于"时间"，还要受制于"空间"，所谓"燥湿沧热之异而理色变，牝牡接构之异而颅骨变，社会阶级之异而风教变，号令契约之异而语言变"。②

所以在讨论包括法律在内的国家制度时，他并未简单地趋附"进步"或"革命"之"名"，而更看重其"实"。正

---

① 章太炎：《救学蔽论》，载上海人民出版社编：《章太炎全集（五）》，上海人民出版社1985年版，第100—102页。
② 参见章太炎：《序种姓上第十七》，载上海人民出版社编：《章太炎全集（三）》，上海人民出版社1984年版，第170页。

如他眼中的国家，其名称虽体面，但"国家之自性是假有者，非实有者；国家之作用，是势不得已而设之者，非理所当然而设之者；国家之事业是最鄙贱者，非最神圣者"①。所以，在视专制为洪水猛兽的时代，章氏仍敢大胆地声称："共和政体，而不分散财权，防制议士，则不如专制政体之为善也。"②

由此，许多人认为章太炎思想多变，甚至不断地在趋新趋旧中摆动，但"一生针对那么多的问题，发了那么多的议论，又接受吸取那么多的学派思想的影响，如果其思想、主张、言论、行为以及政治态度等等都没有矛盾、变化，倒是非常奇怪的事了"③，这种思想上的变化，"毋宁说他一直有一种不随时俗转移的独立不倚的精神"④。

从其对专制共和的评价中就可以看出，章太炎实际上是一位务实的学者，政治也好、法律也罢，不在于其制度之"名"是否"进步"，而在其"实"是否保障民权，维护民

---

① 章太炎：《国家论》，载上海人民出版社编：《章太炎全集（四）》，上海人民出版社1985年版，第457页。

② 章太炎：《五无论》，载上海人民出版社编：《章太炎全集（四）》，上海人民出版社1985年版，第432页。

③ 李泽厚：《章太炎剖析》，载李泽厚：《中国近代思想史论》，生活·读书·新知三联书店2008年版，第395页。

④ 刘梦溪：《中国现代学术要略（修订版）》，生活·读书·新知三联书店2018年版，第107页。

生。即使是西方的"共和",若在中国国情下不能保障民权,弃之何妨?

章太炎同其时的大多数知识分子一样,仍有着强烈的文化承继责任和民族复兴情怀,他认为中国要建法制,"非欲尽效法兰西、美利加之治也","他国已行之法"不适合中国,若"强施",则与"推舟于陆"无异。民主共和既然起于法、昌于美,中国则应因地制宜,"继起为第三种"。① 此语在当下也似曾相识,我们追求法治之名,更要追求法治之实。自清末变法已逾百余年,复思此言,甚有裨益:

> 名者,实之宾也。吾汉族诸昆弟将为宾乎?②

---

① 参见章太炎:《大共和日报发刊辞》,载上海人民出版社编:《章太炎全集·太炎文录补编(上)》,上海人民出版社2017年版,第396—397页。
② 章太炎:《代议然否论》,载上海人民出版社编:《章太炎全集(四)》,上海人民出版社1985年版,第311页。

新战国时代的新法家　　陈启天

● 新法家陈启天

为法家正名的章太炎在近代法政学人中并不是个例。作为先秦时期重要的思想流派,法家学说影响了包括法律制度在内的中华帝国数千年的国家治理之道。在近代中国中西学说冲撞之下,一批学者重新找寻传统法家的思想价值,肯定法家的历史贡献,并以现代法治来重新诠释法家经典。这些人被称为"新法家",其中的代表人物除了章太炎之外,还有一位重要的人物:陈启天。

陈启天,字修平,湖北黄陂人。他就读于国立南京高等师范及国立东南大学,获教育学学士学位,期间加入少年中国会。

1924年受聘中华书局为编辑,主编《中华教育界》杂志。1925年加入中国青年党,即被选为中央执行委员会常务委员。1928年任国立四川大学教授,讲授中国教育史、社会学等课程。1929年任上海知行学院院长。"九一八"事变之后即在沪办《民声周报》,主张停止内争,一致抗日,并曾亲自策动抗日义勇军活动。1935年陈启天在上海主编《国论》,宣传抗战和民主。在抗战期期间,"供职国民参政会,坚持抗战到底,始终未离重庆一步,虽生活困苦至卖衣买书,亦不动摇抗战意志","于公余致力著书,藉以补助家计,自戏称为'绞脑报国'"。①

图 26-1　陈启天编《民声周报》

---

①　傅润华主编:《中国当代名人传》,世界文化服务社1948年版,第188—189页。

"新战国时代"

近代以来,中国正面临前所未有的世界格局,在"数千年未有之大变局"的艰危时局下,这样一种新的世界局势如何判断和应对,成为中华民族保国续种的重大问题。甲午海战后,有人比附春秋战国时期的列国争雄局面,将当时的国际竞争看作是又一个战国时期,以概括其时复杂的国际形势,如俞樾在《墨子闲话》的序言中称"今天下一大战国也"。陈启天认为,此时的战国与旧时的战国尚不一样,故称"现在整个世界,是一个大的新战国时代"[①]。

在这个新战国时代中,决定各国间关系变化的基本要素,第一是"国家性",即国际动态无一不是以本国利益为前提;第二是"实力性",国际关系就是实力关系,一个国家"在国际的地位是依据他的实力决定的",一个国家如果实力不够,就不易在国际中生存,"所谓正义人道,只是少数理想家的呼声"[②];第三是"策略性","国家对国家,都是策略对策略";第四是"错综性"。因此,"国家治强,是

---

① 陈启天:《新社会哲学论》,商务印书馆1946年版,第169页。
② 陈启天:《新社会哲学论》,商务印书馆1946年版,第170页。

解决一切国际问题的锁钥"，一切国际问题的重心，不在国际，而在国内；不在空悬世界理想，而在力求国家治强，国家能治能强，对于一切国际问题，都易有办法。国家不治不强，对于任何国际问题，都难有办法。国家已治已强，不妨高谈世界理想，国家未治未强，难有世界理想，也无救于自己的灭亡。①

"新战国时代"中，"强国努力争霸，弱国努力争存"，在陈启天看来，战国时代的基点是各国的竞争力，所以他尤为重视"国家"的重要性。他认为，"现在欲救中国，不必空谈什么主义，什么理想，总先要找出中国现在所患的是什么病，抓住了病根，然后对症下药，自然收效，不致枉费气力"。他认为中国所患的病主要有两个，第一就是"混乱"；第二就是"不能独立"。因此要解决中国的问题，"一是对内可以免去不重要的纷歧，使全国人民得以安居乐业。简言之就是'统一'。二是对外要使中国的政治经济教育完全自主独立。我们固不欲去侵略他人，但要防备他人侵略我们，使中国在国际上有平等的地位，简言之就是'自主'。"②

---

① 参见陈启天：《新社会哲学论》，商务印书馆1946年版，第174页。
② 陈启天：《国家主义与中国师范教育的改造》，载上海醒狮周报社编：《国家主义讲演集》（第一集），上海醒狮周报社1925年版，第25—40页。

他提出，此时的中国要在弱肉强食的国际环境中存活下来，必须进行以现代国家为目标的根本改造，而国家化、国防化、科学化、工业化、法治化、民主化，是现代国家的必要条件。① 陈启天认为，新战国时代，新中国的知识界尤其需要创造出一种新的社会科学，以呼应时代的需要。这种新的社会科学"既不能完全取之于古人，又不能取之于外人"②，而应当由中国人根据现代中国的需要，建立一种适用于中国的新的社会哲学体系。

图 26-2　陈启天著《新社会哲学论》

---

① 参见陈启天：《新社会哲学论》，商务印书馆 1946 年版，第 183 页。
② 陈启天：《新社会哲学论》，商务印书馆 1946 年版，"自序"。

◉ 新法家的新法学

在这个新的哲学体系中，陈启天将"新法家"作为立论和阐述的重要内容。在他看来，相较于传统中国的其他思想资源，法家之所以应当受到格外的重视，是由于历史已经证明，在"战国"时代，唯法家的学说能够富国强兵。陈启天反思中国积弱之因，认为"重儒轻法"导致国家丧失竞争力，而在与当前"新战国"相类似的，是先秦的战国时期，彼时韩赵魏楚燕齐各国之间的合纵连横，与时下的欧美日俄的弱肉强食何其相似。① 既然在战国时期秦国因为重用法家，最终在"国际"竞争中取得了胜利，那么在同样的国际环境下，重新在法家思想中找到合理策略，不失为一个简易而有效的方法。陈启天对法家作出了一个简单的定义："法家是'务为治'的，是'一断于法'的，是'明分职不得相逾越'的。换句话说，法家是一种政治学，是一种以法治国的政治家，是一种综核名实、信赏必罚的政治家。在理论上有明确的系统，在历史上有实际的建立，所以法家既是政治思想家，又是

---

① 参见陈启天：《中国法家概论》，上海中华书局1936年版，"序"。

政治践行家。"① 在数千年的中国传统政治中,"儒家润色政治,法家支持政治,道家调剂政治","儒家独尊"只是表面现象,"在骨子里,法家仍然用事,不过不及战国时代那样显著了"。②

陈启天对法家思想的"酌采"体现在两个方面:其一是以考据的方式梳理了法家人物的学术著述,他先后专门校释了《商君书》和《韩非子》,并对管子、申子、慎子、尹文子等法家人物的著作也作了考证;另一方面,陈启天借鉴西方的法学与政治学理论对传统法家思想进行了重新解读,颇有融"汉学"与"宋学"方法于一体的意味。在法治与人治的关系上,陈启天认同传统"徒法不足以自行"的观点,认为"政治离不了法,也离不了人",政治是法和人两要素的结合,所以法治与人治在本质上应当合一,"法治是人治的准绳,人治是法治的实现","一切政治的公共准绳不是人,而是法","人需依法而治,法需待人而行",所以"法治和人治是合一的"。但陈启天也认识到,这种人治和法治的结合只能是在民主制度之下。③

---

① 陈启天:《中国法家概论》,上海中华书局 1936 年版,第 6 页。
② 参见陈启天:《中国法家概论》,上海中华书局 1936 年版,第 22—23 页。
③ 参见陈启天:《民主宪政论》,商务印书馆 1946 年版,第 83—85 页。

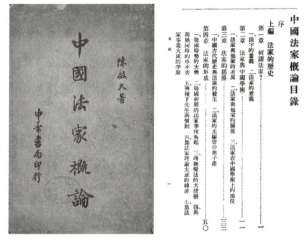

图 26-3　陈启天著《中国法家概论》

新与旧是一个老问题

一方面是对传统法家"旧"思想的再造，一方面是对西方"新"思想的引介。这可能是近代转型时期，学人共同的治学特点。除了部分文化保守主义者，此时的法政群体大都自视所学为"新"学术，并以彰显自己与这个革新时代的契合，如陈启天所一再宣扬的"新战国时代""新国家主义""新中国""新政治学""新法家""新社会哲学论"，等等。陈启天自认承袭了中国传统法家的思想，却明确地将自己的学术理论同原有的旧政治体制下的旧政治学说划分开来，他的政治主张当然是新政治学说而非旧政治学说。

在他的论著中"旧政治"即专制政治，包括周以前的神主政治、春秋的族主政治、秦汉以来的君主政治兼军主政治。新旧的区别在于，"旧政治是私人政治、私法政治、私利政治、强权政治、官治政治和虚伪政治"，"新政治即民主政治与之相反，是公人政治、公法政治、公利政治、公理政治、民治政治和实践政治"①。陈启天认为，中国的旧政治"既私且假"，积习甚深，是导致近代落后的重要原因。所以陈启天虽然推崇法家，但并未将法家视作不可更改的教义而搬到现实中应用，他充分地看到了法家的历史性，因此他承认，法家的理论是否应用于今后的中国，"须分别选择，不可一概而论。'法家'着重国家，着重富国强兵"这一方面的理论，适合于当前新战国时代的情况，"在原则上多可采用，但在内容上，则尚待改进和充实"，而法家"着重君主，着重法治形名"这一方面的理论，则以我国已由君主政治，进到民主政治而不可完全袭用。"在民主政治之下，固也需要民主的法治与民主的形名，却不需要君主的法治与君主的形名"。在他看来："旧法家的理论，虽有一部分确实可供我们的参考，但不可依样葫芦拿去应用。我们研究旧法家，是想借此推陈

---

① 陈启天：《民主宪政论》，商务印书馆1946年版，第29—42页。

出新,以创建新法家的理论。旧法家的理论特征,是君主的政治学。新法家的理论特征,则须是民主的政治学。"①

与"古已有之派"不同,陈启天认为,"我们不可因为儒家的贵民思想和法家的法治思想",就说民主法治的"思想和制度都是中国固有的",要承认"多是从外国输入的,这种从外国输入的思想与制度,与中国固有的传统的旧政治,如族主政治、君主政治及军主政治等,都截然不同,可以说是一种新政治"。他清醒地认识到,"民主不仅是一种新政治,而且是一种新生活;不仅是一种新制度,而且是一种新风度,不仅是一种新知识,而且是一种新习惯","民主智识可从外国输入,民主制度也可以从外国模仿。但是运用民主制度所必要的民主风度和民主习惯,却不能纯从外国输入,也不能纯从外国模仿。必要由本国从事政治活动的人们及一般人们自己实行学习"。② 所以,新的政治制度离不开旧的文化背景和社会习惯,他在翻译《政治学》的译序中说道:"中国要求一种新政治学,以为建立新政治制度的指导和说明。但中国有中国特殊的历史、现状和国民性。所以翻译的政治学,无论说法如何,都只可作参考,不能作蓝本。"③

---

① 陈启天:《张居正评传》,中华书局1944年版,修订自序。
② 陈启天:《民主宪政论》,商务印书馆1946年版,第215页。
③ R. M. MacIver:《政治学》,陈启天译,上海中华书局1941年版,译序。

"只可作参考,不能作蓝本",说明了陈启天力主求"新",却又对"新"保持必要的警觉,尤其对西方学说能否真正适合中国保持着必要的怀疑。他力图在新与旧之间、传统与现代之间、中国与西方之间寻找到一个平衡点,而对这个平衡点的寻找主导着陈启天对待中西或新旧问题的基本态度。

陈启天认为,当时国人的思想倾向有两种相反的"因袭","守旧的人,以古先圣贤的言论当作圣旨",而"维新的人,以外国人的言论当作圣旨","中国好比是一个病人,要使病愈,必须由医生诊断病症,慎下药方。如果不问中国病症如何,只是乱投本国的古方,或外国的新方,都是促中国之死。"所以"既不可完全因袭古方,也不可完全因袭外方,换句话说,要以独立思想,代替一切因袭思想"①。

在"吸收近代西洋文化"的过程中,对待外国文化也应当具有清醒的认识,虽然"我国一切新改革和新运动,都含有吸收西洋文化的成分在内。不过吸收西洋文化,多不得要领,而又未能始终贯彻,以故迄犹未能取得积极的切实大效",陈启天认为:

> 原来西洋文化,是一个极广泛的名词。在这个名词之下,古代的、中世的、和近代的西洋文化,都包含在

---

① 陈启天:《民族的反省与努力》,独立出版社1938年版,第17页。

内。……近代的西洋文化，因各国的历史环境和民族性的不同，而有多少差异。……换句话说，我国所谓输入欧化，不是要中国完全英国化，不是要中国完全美国化，不是要中国完全德国化、法国化、意国化，更不是要中国完全俄国化，而是要各国所共同的西洋文化中国化，使成为中国文化的一部分。①

兼采中西，汇通新旧是陈启天对中国未来政治设计的文化取向，而这种"为我所用"的"中国化"心态大概也是法家实用思想在近世的再现。② 陈启天在论述国家进化的说法时，引用韩非的说法，"世异则事异"，"事异则备变"，"圣人不期修古，不法常可"，一个时代都有一个时代的特殊情况，在哪个时代就得用合乎于该时代特殊情况的办法，不可拘守不变。③ "故治民无常，唯治为法。法与时转则治，治与世宜则有功"④，从这个意义上讲，陈启天倒是无愧其"新法家"之名了。

---

① 陈启天：《民族的反省与努力》，独立出版社1938年版，第24—25页。
② 参见喻中：《法家学说与社会科学的中国化建构——立足于法学与人文社会科学的交叉研究》，载《法学家》2017年第5期。
③ 参见陈启天：《中国法家概论》，上海中华书局1936年版，第125页。
④ 《国学典藏·韩非子》，王先慎集解，姜俊俊校点，上海古籍出版社2015年版，第575页。

不做他国学者的法律试验场　　周泽春

❖ 留德法学第二人

　　历史像体育比赛，第一名总被格外青睐，排到第二则多不为人知。法学史上，第一位把《德国民法典》翻译为英文的是王宠惠，第一位从事《德国民法典》中文翻译的是马德润，他还是第一位在德国获得法学博士的中国人。这两位第一都在法律史上都留下了大名。王宠惠和马德润还有一个共同的身份，他们都是当时世界比较法学会的会员。在这个学会里还有第三位中国人，与王宠惠、马德润经常一起讨论，他就是不太为人所知的第二位获得德国法学博士学位的中国人：周泽春。

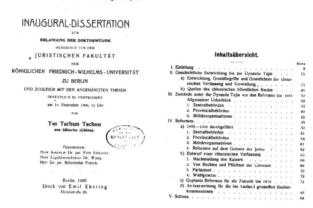

图 27-1　周泽春留德博士论文（聂鑫教授提供）

周泽春，字福介，湖北随县人，1903年赴德国留学，比马德润还早一年。按照他自己的说法，虽然经过了两年学习，"听讲仍甚吃力"①，在德期间，周泽春参与政治活动较多。他与孙中山在德国相识，并与朱和中、宾步程等一起加入同盟会，马德润虽也入会，但有记载其一直不肯发誓立据②。

---

① 周泽春：《四十年外交纪略（节录）》，载中国社会科学院近代史研究所近代史资料编辑部编：《近代史资料》（第十三册），知识产权出版社2006年版，第99页。

② 参见冯自由：《革命逸史》（第2集），商务印书馆1947年版，第138页；杨幼炯：《中国政党史》，商务印书馆1937年版，第26页。

此间曾发生一场告密,被周泽春有惊无险地化解:当时孙中山抵达柏林,周泽春与朱和中前往接待,白天游览,晚上讨论革命方针,结果被人告发。驻德钦使荫昌想将这群革命学生押回国内,周泽春被推举去拜见荫昌,化解事端。周泽春知道荫昌孝顺,先拜访其母,获得对方体谅,等与荫昌见面时,也待荫昌厉声呵斥、情绪稍定后,才自我辩白说孙中山是大政治家,作为留学生前去接待自属本分,谈及革命也是不可避免。就这样,此事最终得以解决,周泽春的应对虽然简单,但他那协调斡旋的外交手段已经初现端倪。①

1907年,周泽春与马德润一起编辑出版《法政介闻》,马德润译介德国民法,周泽春则译介国际法。《法政介闻》在商务印书馆出版,不仅没有稿费收入,每期还需印刷费数百元,虽然陆征祥、孙宝琦等人都资助了印刷费,但发行不满十期还是因为经费问题而停办。② 与马德润相比,周泽春在德国的学习更多关注于国际法领域,这也为其在以后长期从事外交事务埋下伏笔。

---

① 参见湖北省志·人物志编辑室编:《湖北人物传记》(试写本第二辑),1983年,第36页。
② 参见周泽春:《四十年外交纪略(节录)》,载中国社会科学院近代史研究所近代史资料编辑部编:《近代史资料》(第十三册),知识产权出版社2006年版,第99—100页。

图 27-2 《法政介闻》刊载周泽春译《国际公法》

1909年,周泽春以"Die Reformen des chinesischen Reiches in Verfassung, Verwaltung und Rechtsprechung mit Rücksicht auf die entsprechenden Einrichtungen Europas(直译为:中华帝国的宪政与司法改革:参照欧洲构架)"为题的论文获得德国法学博士学位,成为马德润之后获德国法学博士的第二位中国人。按照周泽春自己的回忆,在他于柏林大学应考博士学位时,王宠惠转述柏林大学政法系院长的话:"此次不能如前此马德润之易于通过,以马为第一个中国人在本校政法系应博士考试,不能不讲点邦交,顾全中德两国友谊。现在可不能再讲邦交了,要真诚考试,方能获取博士头衔。"①

法律人的外交事业

完成学业后,周泽春在德国法院做实习法官,曾进入柏林中央法院工作。此间,许世英、徐谦赴德国考察司法,周泽春作为向导与翻译,居中协调,促使德国以五大臣考察时接待端方等人的标准接待了许徐二人。1910年回国后,周泽春任职于清廷外务部和会司,辛亥革命时,他在天津担任《天民报》记者,应孙中山电召至南京,任山东交涉使兼山东招讨副使。在山东,时有清吏二十七人占据公产谦顺银号,被鲁军都督府职员驱赶,又为德国法院恢复居住。周泽春凭借在德国法院的工作经历,看破了事情的关键:按照德国法,房屋纠纷发生时,须先让房客迁出,再为诉讼,而法院恢复清吏居住的道理在于,清吏被法院认定为房主而非房客,因此不必迁出。周泽春了解到清吏这一房主身份是由此前萧应椿诉讼于德国法院后取得,因此,他主张与萧应椿私

---

① 周泽春:《四十年外交纪略(节录)》,载中国社会科学院近代史研究所近代史资料编辑部编:《近代史资料》(第十三册),知识产权出版社2006年版,第100页。

下交涉，以不忠为理由除去对方的鲁籍，后者果然慑服于这一颇具中国色彩的大义，因此取消呈诉，谦顺银号得以归还民国政府。① 可以看到，周泽春采取了恰当的策略，以法庭外的协调手段化解了青岛德国法院有关谦顺银号归属清吏的判决，帮助刚刚成立的民国政府顺利取回了银号的产权，他既懂外国的法律，也明晓中国的情理，已经展现出外交人士的风采。

周泽春的协调能力在多次斡旋工作中展露无遗。除了在许世英执掌中央司法期间，他曾短暂担任北京高等检察厅厅长和北京地方法院院长等法律职务外，周泽春一生的大多数时间都在从事外交工作。1914年周泽春被北京九门提督江朝宗任命为参议厅长，处理京畿外交；1915年，又出任外交部部长陆征祥的特派四川交涉员，专门处理川边的打箭炉教案。该案中，法国传教士在打箭炉（今康定市）被殴致死，法国要求巨额赔偿。案件一直未能了结，周泽春在法国总领事调任之际加以劝说，顺利结案。1928年以后，周泽春在国民政府从事外交工作。1937年，周泽春的柏林大学同学陶德曼担任了德国驻华大使，他利用这一层同学关系，撰写《告

---

① 参见周泽春：《四十年外交纪略（节录）》，载中国社会科学院近代史研究所近代史资料编辑部编：《近代史资料》（第十三册），知识产权出版社2006年版，第102—103页。

德国友人书》在德国发表,向德国民众介绍中国革命、揭示日本侵华罪行。① 1949年南京解放,周泽春保护外交部文件财产,协同人民政府办理外事接收,转职担任国际贸易促进委员会的翻译员。②

作为中国最早一批留德法学博士,周泽春回国后的主要工作不是法律而是外交,这一点遭遇与近代许多留学法政人物如伍廷芳、王宠惠、徐道邻等人相似。清末以来,许多留学法政人物同时具备外国语言、外国法律和国际法知识,他们在国外获得了法学博士学位,回国后除了法学家身份,还是近代中国外交的骨干力量,成为外交和法律的"双肩挑"人才。法律的作用是定分止争,外交活动实质上是协调国家之间的纠纷,从这个角度上讲,法律人从事外交工作也算不离本分。

不盲从外国法学权威

由于长期从事外交工作,周泽春在法学方面的建树不

---

① 参见曹溥俊整理:《周泽春》,载中国人民政治协商会议湖北省随州市委员会文史资料研究委员会编:《随州文史资料》(第2辑),1987年,第89—90页。

② 参见湖北省档案馆档案资料编辑室、湖北省地方志办公室资料室编:《辛亥革命湖北人物传资料选编》,1983年,第29页。

多，除了在早期翻译国际公法，民国初年曾在北京大学任教，教授刑事诉讼实务等公法课程。周泽春在法学领域的一次亮眼展现是在第一次全国司法会议上。1912年，在司法总长许世英的主持下，来自全国二十二省代表和司法部、大理院、总检察厅等各地各部门法政官员开会近一个月，讨论经历清末司法改革后，如何在民国初创时期开展司法统一和司法改良。周泽春以京师地方审判厅厅长身份参会，成为这次会议中仅次于马德润的活跃人物，充分展现了留德法学博士的法学素养。当时关于预审权是否交由检察厅行使的争论，是会议最大的争议之一，与会者纠结的一个重要原因是当时日本法学家冈田朝太郎主张预审归属检察。冈田不仅是日本法学权威，也是中国政府高薪聘请的法律修订顾问。在清末民初举国效法日本的大背景下，几乎无人怀疑日本法学权威的观点，几位对此怀有疑虑的与会者也只讲实践中的困难，回避直接否定冈田的权威性。唯有周泽春的发言最为坦诚，他直接质疑冈田，慷慨陈词道：

> 预审属于检察之说，本系日本法学博士冈田氏所倡。本席去年即不以为然。……曾记一千九百零五六年时，本席曾在柏林见报章载有日本修改法律之说，并建有修改法律会，冈田其一也，彼时冈田提议修改法律，谓当新世界宜采用新法，主张以之属于检察官。因各国

彼时曾倡有此说,也不知彼时各国虽有其说,至今未行。而冈田提议时亦有三人反对,谓不适用于日本,德国报章亦纷纷议论,谓日本处法律幼稚时代,改从新学说,未免跬步求前,各国对于日本既有此说,日本亦果不能实行,于是冈田即欲以中国为法律试验场,中国行之有弊与日本无关,孰意果行之而即有弊耶?①

周泽春以德国所见所闻为依据,反驳日本学者观点,颇有点"以更高级魔法打败魔法"的意思,他指出冈田是将一个在本国及世界都不认可的制度放到中国来做试验,这是不应该被接受的。周泽春的坚决态度与其他与会代表的矜持形成鲜明对比。在言必称日本如何的时代,周泽春能够以平等的视角看待学术权威,劝导国人"断不可盲从",首先得益于他广博的学术视野,只有眼界越开阔,才越不容易被某一种学说遮蔽理智。在西风东渐的时代,周泽春大声喊出不要做他国学者的法律试验场,颇值得肯定,也让许多时人乃至今人都心有戚戚焉。

---

① 刘昕杰、陈佳文等整理:《民国时期全国司法会议记录汇编》,法律出版社2023年版,第78页。

图书在版编目(CIP)数据

法政逸史：转型时代的法律人 / 刘昕杰著. —北京：北京大学出版社，2024.9
ISBN 978-7-301-35340-0

Ⅰ. D929.5

中国国家版本馆 CIP 数据核字第 202468CV85 号

书　　　名	法政逸史：转型时代的法律人
	FAZHENG YISHI：ZHUANXING SHIDAI DE FALÜREN
著作责任者	刘昕杰　著
策划编辑	田　鹤
责任编辑	田　鹤
标准书号	ISBN 978-7-301-35340-0
出版发行	北京大学出版社
地　　　址	北京市海淀区成府路 205 号　100871
网　　　址	http://www.pup.cn
	http://www.yandayuanzhao.com
电子邮箱	编辑部 yandayuanzhao@pup.cn　总编室 zpup@pup.cn
新浪微博	@北京大学出版社
	@北大出版社燕大元照法律图书
电　　　话	邮购部 010-62752015　发行部 010-62750672
	编辑部 010-62117788
印　刷　者	北京中科印刷有限公司
经　销　者	新华书店
	787 毫米×1092 毫米　32 开本　9.875 印张　173 千字
	2024 年 9 月第 1 版　2024 年 9 月第 1 次印刷
定　　　价	59.00 元

未经许可，不得以任何方式复制或抄袭本书之部分或全部内容。
版权所有，侵权必究
举报电话：010-62752024　电子邮箱：fd@pup.cn
图书如有印装质量问题，请与出版部联系，电话：010-62756370